T0209399

essentials liefern aktuelles Wissen in konzentrierter Form. Die Essenz dessen, worauf es als „State-of-the-Art" in der gegenwärtigen Fachdiskussion oder in der Praxis ankommt. *essentials* informieren schnell, unkompliziert und verständlich

- als Einführung in ein aktuelles Thema aus Ihrem Fachgebiet
- als Einstieg in ein für Sie noch unbekanntes Themenfeld
- als Einblick, um zum Thema mitreden zu können

Die Bücher in elektronischer und gedruckter Form bringen das Expertenwissen von Springer-Fachautoren kompakt zur Darstellung. Sie sind besonders für die Nutzung als eBook auf Tablet-PCs, eBook-Readern und Smartphones geeignet. *essentials:* Wissensbausteine aus den Wirtschafts-, Sozial- und Geisteswissenschaften, aus Technik und Naturwissenschaften sowie aus Medizin, Psychologie und Gesundheitsberufen. Von renommierten Autoren aller Springer-Verlagsmarken.

Weitere Bände in dieser Reihe http://www.springer.com/series/13088

Alexander Thomas

Technik und Kultur

Interkulturelle Handlungskompetenz für Techniker und Ingenieure

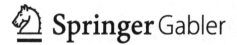 Springer Gabler

Alexander Thomas
Köln, Deutschland

ISSN 2197-6708   ISSN 2197-6716   (electronic)
essentials
ISBN 978-3-658-19052-1   ISBN 978-3-658-19053-8   (eBook)
DOI 10.1007/978-3-658-19053-8

Die Deutsche Nationalbibliothek verzeichnet diese Publikation in der Deutschen Nationalbiblio-
grafie; detaillierte bibliografische Daten sind im Internet über http://dnb.d-nb.de abrufbar.

Springer Gabler
© Springer Fachmedien Wiesbaden GmbH 2017

Gedruckt auf säurefreiem und chlorfrei gebleichtem Papier

Springer Gabler ist Teil von Springer Nature
Die eingetragene Gesellschaft ist Springer Fachmedien Wiesbaden GmbH
Die Anschrift der Gesellschaft ist: Abraham-Lincoln-Str. 46, 65189 Wiesbaden, Germany

Was Sie in diesem *essential* finden können

- Eine Begründung, warum interkulturelle Handlungskompetenz als Schlüsselqualifikation für Techniker und Ingenieure in der Zusammenarbeit mit ausländischen Partnern im Auslandseinsatz und in Deutschland bedeutsam ist
- Die Darlegung, mithilfe welcher Methoden man interkulturelle Handlungskompetenz erwerben kann
- Die Beschreibung leistungsrelevanter Wirkungen, die mit der Entwicklung interkultureller Handlungskompetenz zu erzielen sind

Vorwort

Die Internationalisierung und Globalisierung nahezu aller Bereiche unserer Gesellschaft schreitet immer weiter voran. Daraus entstehen neue Anforderungen und Herausforderungen sowohl in beruflichen wie privaten Lebensbereichen. Nicht nur Fach- und Führungskräfte im Auslandseinsatz müssen sich auf kulturelle Besonderheiten ihrer Partner einstellen sondern auch deutsche Mitarbeiter sind notwendigerweise an ihren Arbeitsplätzen in Deutschland immer häufiger gezwungen mit Menschen unterschiedlicher kultureller Herkunft zusammen zu arbeiten. Das betrifft nicht nur Fachkräfte im Bereich des Personalwesens, des Marketings, der Werbung, des Vertriebs etc. In verstärktem Maße werden auch Techniker und Ingenieure, besonders in den Bereichen Produktentwicklung, Produkterstellung und des Vertriebs, mit Vorgesetzten, Kollegen, Teammitgliedern und Mitarbeitern konfrontiert, die unterschiedlicher kultureller Herkunft sind. Selbst wenn sie ein identisches fachliches Können und Leistungsniveau aufweisen, ergeben sich doch immer wieder Unterschiede in Bezug auf Normen, Werte, Verhaltensregeln, Arbeitsgewohnheiten, Leistungsstandards, Einstellungen zu Arbeitszielen, Arbeitsabläufen und Leistungszielen. Mangelnde Kenntnis und Vertrautheit mit kulturell bedingten Unterschieden führen zu Irritationen, Konflikten, Stresssituationen etc. und auf jeden Fall zu einer Beeinträchtigung der Entfaltung der eigenen Leistungspotenziale, der erbrachten Arbeitsleistung und der Arbeitszufriedenheit.

Die Konsequenz aus diesen Entwicklungen kann nur darin bestehen, eine hohe Aufgeschlossenheit für das Kennenlernen, Vertrautmachen und die Bewältigung der interkulturellen Thematik zu entwickeln.

Studierende und Berufstätige technischer, ingenieurwissenschaftlicher und naturwissenschaftlicher Fächer haben in der Praxis allerdings erhebliche Schwierigkeiten einen Zugang zum Thema Kultur und zu den besonderen Herausforderungen der interkulturellen Thematik zu finden (Hubig 2007; Rösch 2008; Stumpf et al. 2013).

Selbst wenn sie wissen und akzeptieren, dass interkulturelle Handlungskompetenz eine moderne Schlüsselqualifikation ist, die im Zusammenhang mit einer zunehmenden Internationalisierung und Globalisierung immer mehr an Bedeutung gewinnt, finden sie nur schwer einen Zugang zu interkulturellen Themenstellungen. Für sie ist vieles von dem, was unter dem Begriff Kultur thematisiert wird, zu abstrakt, zu nebulös, zu spektakulär, zu unpräzise und irgendwie überhaupt nicht recht verständlich. Dieser Text bietet die Chance, einen vertieften Zugang zur interkulturellen Thematik zu gewinnen.

Ich habe nach einer Professur für Psychologie an den Universitäten Münster, Freie Universität Berlin und an der Universität Regensburg als Professor für Sozialpsychologie und Angewandte Psychologie mit den Forschungsschwerpunkten Interkulturelle Psychologie und Kulturvergleichende Psychologie gelehrt und geforscht. Seit 2015 bin ich Honorarprofessor an der Ostbayerischen Technischen Hochschule Regensburg.

Meine Forschungsarbeiten zielten darauf ab, zu klären, was passiert wenn Menschen unterschiedlicher kultureller Herkunft miteinander kommunizieren und kooperieren müssen. Welche Fähigkeiten und Fertigkeiten sind von Fach- und Führungskräften im beruflichen Alltag zu entwickeln, damit ihre fachlichen und sozialen Kompetenzen erhalten bleiben und optimal zum Einsatz kommen.

Im folgenden Text werden anhand von Fallbeispielen – gewonnen aus Befragungen deutscher Fach- und Führungskräfte im Auslandseinsatz – die für Techniker und Ingenieure wichtigsten Komponenten interkultureller Handlungskompetenz benannt und näher analysiert. Zudem werden Methoden beschrieben mit denen es gelingt, eine berufsspezifische interkulturelle Handlungskompetenz so zu entwickeln, dass unterschiedliche kulturelle Einflussfaktoren nicht mehr zu Irritationen führen, sondern frühzeitig erkannt und entsprechend bearbeitet werden können.

Inhaltsverzeichnis

Wie beeinflussen sich Kultur und Technik wechselseitig? Ein Fallbeispiel aus der internationalen Entwicklungszusammenarbeit

Das Leben aller Menschen auf dieser Welt wird tagtäglich von Kultur und Technik beeinflusst. Kultur und Technik bereichern das alltägliche Leben und können es bedrohen.

Unter Kultur versteht man allgemein den von Menschen *gemachten* Teil der Umwelt, im Vergleich zur Natur. Demgemäß ist Technik, als etwas auch von Menschen Gemachtes, Teil der Kultur. Technik erweitert und verbessert die naturgegebenen Handlungsmöglichkeiten des Menschen und seine Lebensbedingungen und sichert und schützt sie. Technik enthält produktive und destruktive Elemente, die vom Menschen erkannt und beherrscht werden müssen.

Welche Konsequenzen die wechselseitige Beeinflussung von Kultur und Technik für Produktion, Umgang und Gebrauch von Technik hat, wird im Folgenden an konkreten Fallbeispielen aus der Praxis sichtbar gemacht.

Wer einmal verstanden hat, wie Kultur und Technik sich wechselseitig beeinflussen, wird als Ingenieur und Techniker bereit sein, interkulturelle Handlungskompetenz zu erwerben um die vielfältigen Anforderungen in einer internationalisierten und globalisierten Welt bewältigen zu können.

Lesen Sie das folgende Fallbeispiel aufmerksam durch überlegen Sie, wie das entstandene Problem gelöst werden könnte.

Fallbeispiel: Das Aufforstungsprojekt

Stellen Sie sich vor, Sie haben Forstwissenschaft studiert, mehrere Jahre erfolgreich in einer Forstverwaltung in Bayern gearbeitet und beteiligen sich nun an einem mit deutschen Entwicklungsgeldern geförderten Aufforstungsprogramm in Afghanistan. Eine Wiederaufforstung der kargen Berghänge bietet nach Ansicht der Geologen gute Chancen, die klimatischen Bedingungen langfristig so zu verbessern, dass mehr ertragreiche Landwirtschaft betrieben werden kann.

© Springer Fachmedien Wiesbaden GmbH 2017
A. Thomas, *Technik und Kultur,* essentials,
DOI 10.1007/978-3-658-19053-8_1

Zusammen mit zwei Kollegen sind sie seit fünf Jahren damit beschäftigt, die völlig verkarsteten Hügel und Berghänge wieder aufzuforsten. Die Arbeit ist technisch nicht anspruchsvoll. Man gräbt ein Loch, setzt den Setzling ein, häufelt Erde an, bewässert bis die Wurzeln gegriffen haben und den Rest überlässt man der Natur. Die männliche Dorfbevölkerung ist an der Aufforstungsarbeit sehr interessiert, weil sich damit zusätzlich etwas Geld verdienen lässt. Insgesamt gingen die Arbeiten in den vergangenen fünf Jahren ganz gut voran.

Sie stellen aber in letzter Zeit immer wieder fest, dass in den von den Dörfern etwas abgelegenen Gebieten die herangewachsenen Baumstämme, wenn sie Daumendicke erreicht haben, abgesägt und auf den wöchentlich stattfindenden Märkten als Brennholz angeboten werden. Aus Sicht der bitterarmen Dorfbevölkerung ist dies nachvollziehbar, denn die Menschen erhalten so etwas Bargeld, das sie neben ihren kargen landwirtschaftlichen Erträgen zum Überleben dringend benötigen.

Ihnen ist aber auch klar, dass so auf Dauer ihre gesamte Arbeit zunichte gemacht werden wird, wenn sie nichts unternehmen, um die Anpflanzungen vor diesem Raubbau zu schützen.

Was würden Sie in einer solchen Situation unternehmen? Bedenken Sie, es dauert immerhin mehrere Generationen bis das Ziel dieses Entwicklungsprojekts erreicht ist.

Nehmen Sie sich für Ihre Überlegungen genügend Zeit! Entwickeln Sie unterschiedliche, alternative Problemlösestrategien! Achten Sie darauf, dass Ihre Vorschläge nachhaltige Wirkung erzielen müssen!

Schreiben Sie Ihre Problemlösungsvorschläge auf und ordnen sie diese nach Prioritäten in Bezug auf Wirksamkeit und Nachhaltigkeit! Später können Sie Ihre Vorschläge mit einem im weiteren Text präsentierten Expertenvorschlag vergleichen!

Wie bestimmt Kultur den Umgang mit Technik? 2

Ein modernes Auto kann zweifellos als ein „Wunderwerk" technischer und ingenieurwissenschaftlicher Leistungen, erbracht im Verlauf von Generationen hoch qualifizierter Techniker, angesehen werden. Ein Auto ist in allen seinen Details, abgesehen vom Design und von der Farbgebung, reine Technik. Mit Kultur hat das wohl nichts zu tun!

Wie ist dann aber das folgende Fallbeispiel zu erklären?

Fallbeispiel: Die Rückrufaktion
Problemschilderung

Das amerikanische Verkehrsministerium und neun japanische und amerikanische Autoproduzenten haben sich darauf geeinigt, mehr als 8 Millionen Autos zurückzurufen, um störanfällige Sicherheitsgurte zu ersetzen. Fachleute schätzen, dass die Rückrufaktion bis zu 1 Milliarde US$ kosten könnte; sie wäre damit eine der teuersten Rückrufaktionen aller Zeiten.

Anlass für die Rückrufaktion ist, dass Sicherheitsgurte des japanischen Herstellers Takata Corp. in einzelnen Fällen schadhaft und dadurch untauglich geworden sein sollen.

Nach Angaben der amerikanischen Behörden ist der Plastikknopf, mit dem die Sicherheitsgurte geöffnet werden, in mehreren Fällen gebrochen. Nach Angaben der Behörden sind in Amerika mehrere 100 diesbezügliche Beschwerden eingegangen. Demgegenüber wurde aus Japan berichtet, dass es dort über die gleichen Sicherheitsgurte praktisch keine Beschwerden gebe.

Für die unterschiedlichen Erfahrungen in Amerika und Japan werden mehrere Theorien angeboten. Japanische Beamte haben darauf hingewiesen, dass Amerikaner mit ihren Autos härter umgingen als Japaner. So habe man bei Untersuchungen der schadhaften Gurte gefunden, dass verschiedentlich Tierhaare, Essenskrümel oder die Reste verschütteter Getränke den Schließmechanismus verklebt hätten und durch chemische Reaktionen im Verlauf von Materialermüdungen Bruchstellen entstanden sein könnten. Darin spiegelt sich, dass es in Amerika üblich sei, während

© Springer Fachmedien Wiesbaden GmbH 2017
A. Thomas, *Technik und Kultur,* essentials,
DOI 10.1007/978-3-658-19053-8_2

der Fahrt Kaffee zu trinken. Demgegenüber gingen Japaner mit ihrem Auto üblicherweise viel pfleglicher um. So zögen manche Japaner sogar die Schuhe aus, um keinen Straßenschmutz ins Auto zu bringen (zit. nach FAZ 26. Mai 1995).

Problemklärung und Problemlösung
Die japanischen Autoproduzenten sind wie selbst verständlich davon ausgegangen, dass Amerikaner Autos so nutzen und behandeln wie das in Japan üblich ist. Japanische Autobesitzer behandelten ihr Auto wie ein fahrbares Wohnzimmer, das immer gepflegt zu sein hat und sauber zu halten ist. Nur dann fühlen sie sich in ihrem Auto wohl.

Amerikaner benutzten das Auto als Gebrauchsgegenstand. Sie machen es sich auf den langen Fahrten zu ihren Zielen im Auto bequem, essen und trinken beim Fahren, wobei es sie nicht besonders kümmert, wenn dabei Essensreste und Getränke zu Boden fallen und dort für lange Zeit liegen bleiben.

Die hier erforderlich gewordene Rückrufaktion hätte vermieden werden können, wenn die japanischen Autobauer sich rechtzeitig mit der kulturspezifisch geprägten Art des alltäglichen Umgangs mit dem Auto als Gebrauchsgegenstand in den USA befasst hätten. Sie wären dann sicher auf die Idee gekommen, an den entsprechenden Stellen für die Befestigung des Sicherheitsgurtes, chemischen Reaktionen gegenüber widerstandsfähige Materialien zu verwenden.

Was versteht man unter Kultur?

3

Die UNESCO definiert Kultur als die Gesamtheit der Formen menschlichen Zusammenlebens. Viele Forscher definieren Kultur als den von Menschen gemachten Teil der Umwelt.

In Bezug auf die Funktionen von Kultur gilt

- Kultur ist ein Handlungsfeld, „… dessen Inhalte von den von Menschen geschaffenen und genutzten Objekten und bis hin zu Institutionen, Ideen und Mythen reicht. Als Handlungsfeld bietet demnach Kultur Handlungsmöglichkeiten, stellt aber auch Bedingungen; sie bietet Ziele an, die mit bestimmten Mitteln erreichbar sind, setzt aber auch Grenzen für das mögliche bzw. "richtige" Handeln" (Boesch 1980).
- Kultur ist ein universelles Phänomen. Alle Menschen haben zu allen Zeiten und in allen Gegenden der Welt „Kultur" entwickelt.
- Alle Menschen leben in einer spezifischen Kultur und entwickeln sie weiter.
- Kultur manifestiert sich immer in einem für eine Nation, Gesellschaft, Organisation oder Gruppe typischen Bedeutungs-/Orientierungssystem.
- Das kulturspezifische Orientierungssystem wird aus spezifischen Symbolen (z. B. Sprache, Gestik, Mimik usw.) gebildet und in der jeweiligen Gesellschaft, Gruppe usw. tradiert.
- Das kulturspezifische Orientierungssystem definiert für alle Mitglieder ihre Zugehörigkeit zur Gesellschaft und ermöglicht ihnen ihre ganz eigene Umweltbewältigung.

© Springer Fachmedien Wiesbaden GmbH 2017
A. Thomas, *Technik und Kultur,* essentials,
DOI 10.1007/978-3-658-19053-8_3

- Das kulturspezifische Orientierungssystem beeinflusst das Wahrnehmen, das Denken, das Urteilen, das Werten, die Motivationen, die Emotionen und das Handeln aller Mitglieder der jeweiligen sozialen Gemeinschaft.

Entsprechend dieser Definition ist Technik und alles was damit zusammenhängt immer ein Teil der Kultur in die Menschen hineingeboren werden, in der sie aufwachsen und in der sie sich bemühen, ihr Leben zu gestalten und zu bewältigen.

Wer also mit Menschen einer spezifischen Kultur, die anders organisiert ist als die eigene, in der also andere Werte, Normen, Verhaltensgewohnheiten, Traditionen, Sitten und Gebräuche gelten, kommunizieren und kooperieren will, muss sich bemühen die kulturellen Besonderheiten seines Kommunikations- und Kooperationspartners zu verstehen (Thomas 2011, 2016).

Wie schwierig das sein kann, zeigen die folgenden Berichte.

Wie wirken sich kulturelle Einflussfaktoren auf die berufliche Praxis im Auslandseinsatz aus?

4

1. Der Produktmanager eines großen deutschen Pharma-Unternehmens berichtet:

> Ich habe zunächst drei Jahre in Ostasien gearbeitet und wurde dann in die USA versetzt. In Asien überfällt einen die Fremdheit gleich am ersten Tag, man spürt sie wie einen Hammerschlag. Es dauert Monate, bis man beginnt, hinter der Fremdheit hier und da auch Vertrautes zu entdecken.
>
> In den USA habe ich es umgekehrt erlebt. Manche Äußerlichkeit mutet zwar zunächst auch fremd an, beispielsweise die Architektur der Städte, aber doch nicht so fremd wie in Asien. Ich habe das, was ich sah, auch ständig in Bezug zu Deutschland gesetzt. Ich habe mich mit Hoffnung, öfter aber auch mit Sorge gefragt: Wann wird es bei uns auch so sein wie hier? Schon in dieser Frage kommt ein gewisses Maß an Nähe zwischen Deutschland und den USA zum Ausdruck!
>
> Mit den Menschen in den USA kam ich zunächst sehr gut zurecht: 'Leute wie du und ich', dachte ich. Aber je länger ich da war, desto fremder wurden sie mir - und dies in vielen Bereichen. Aus der heutigen Distanz betrachtet würde ich immer noch sagen, dass die Unterschiede insgesamt viel geringer sind als die zu meinen ostasiatischen Partner, aber es gab in den USA Momente, da war ich mir dessen gar nicht mehr so sicher, und zwar deshalb, weil wenig so lief wie ich es erwartet hatte.
>
> Aber ein wichtiger Unterschied lag auch in meiner Herangehensweise an die beiden Kulturen: In Asien habe ich Fremdheit erwartet und dann manche Gemeinsamkeit gefunden. In Amerika habe ich Gemeinsamkeiten erwartet und bin auf viel Fremdes gestoßen (Thomas 2011, S. 17).

© Springer Fachmedien Wiesbaden GmbH 2017
A. Thomas, *Technik und Kultur,* essentials,
DOI 10.1007/978-3-658-19053-8_4

Wie wirken sich kulturelle Einflussfaktoren auf den Umgang mit Technik aus?

Die speziellen Wirkungen, die Kultur auf die Art und Weise des Umgangs mit Technik ausübt, und die daraus entstehenden Probleme werden an folgenden authentisch berichteten Fallbeispielen aus der beruflichen Praxis im Auslandseinsatz deutlich.

Fallbeispiel: Das Navigationssystem

Problemschilderung

Es wird berichtet, dass japanische Autofahrer die deutsche Autos gekauft hatten und die mit einem in Deutschland gebräuchlichen Navigationssystem ausgestattet waren, mit der Funktionsweise nicht zurechtkamen und unzufrieden waren. Japaner erwarten, dass sich das Navigationssystem regelmäßig meldet, auch wenn über längere Strecken keine neuen Navigationstätigkeiten erforderlich werden. Meldet sich das System nicht nach kurzer Zeit, vermutet der Japaner, dass es defekt ist und nicht mehr funktioniert.

Problemklärung und Problemlösung

Offensichtlich gibt es kulturspezifische Vorlieben bzw. Gewohnheiten wie man mit technischen Kommunikationsmitteln zurechtkommt und inwieweit man ihren Funktionsweisen vertraut. Ein Navigationssystem, was während der Fahrt ständig ein Signal aussendet nur um zu bestätigen, dass es noch funktioniert, würde einen deutschen Kunden eher nerven und veranlassen, das System bewusst zwischenzeitlich abzuschalten. Die deutschen Autobauer täten gut daran, frühzeitig zu erkunden, was ein in Autos für den japanischen Markt installiertes Navigationssystem leisten muss, damit japanische Kunden ihm vertrauen.

© Springer Fachmedien Wiesbaden GmbH 2017
A. Thomas, *Technik und Kultur,* essentials,
DOI 10.1007/978-3-658-19053-8_5

Fallbeispiel: Die Wartung

Problemschilderung

Manche deutsche Autofahrer waschen jedes Wochenende ihr Auto und saugen den Innenraum aus. Die meisten deutschen Autofahrer beachten sehr genau die vom Hersteller vorgeschriebenen bzw. empfohlenen Wartungszeiten und bringen dementsprechend ihr Auto pünktlich in die Werkstatt, auch ohne vorher vom Hersteller oder von der Werkstatt informiert zu werden. Ein indischer Autofahrer fährt das Auto so lange, bis es stehen bleibt. Erst dann kümmert er sich um die Reparatur, denn erst dann ist sie aus seiner Sicht erforderlich.

Problemklärung und Problemlösung

Die regelmäßige Wartung eines so komplizierten technischen Systems, wie das eines Autos, macht aus technischer Sicht sowie aus ökonomischer Sicht durchaus Sinn. Zu erwartende Störungen, die die Verkehrssicherheit und Fahrleistung des Autos beeinträchtigen werden so frühzeitig erkannt und vermieden. Wer sein Auto nicht wartet, läuft Gefahr, dass nachhaltige Schäden an Motor und Getriebe entstehen die nicht mehr zu reparieren sind und das Auto nur noch verschrottet werden kann. Alles das ist in jeder beim Autokauf mitgelieferten Bedienungs- und Wartungsanleitung genau beschrieben.

In Deutschland lernt man all das schon sehr früh, oft schon bevor man einen Führerschein macht, dann in der Fahrschule und spätestens wenn man das Auto beim Verkäufer abholt. Auch in Deutschland überlegt mancher Autofahrer schon, ob die sehr hohen Wartungskosten gerechtfertigt sind oder ob man mit der Wartung nicht noch etwas warten kann. Bei der Abwägung der möglicherweise entstehenden Risiken ohne Wartung weiterzufahren, entscheiden sich die meisten Autofahrer in Deutschland aber für eine rechtzeitige Wartung.

Einem Inder der lange für sein Auto spart und sein Ziel nun endlich erreicht hat, leuchtet nicht so ohne weiteres ein, in regelmäßigen Abständen für Wartung wieder erhebliche Kosten aufwenden zu müssen. Vielleicht vertraut er auch auf die ausgezeichnete Produktqualität „Made in Germany" der deutschen Autos und hofft so, in Verbindung mit dem Wohlwollen und dem Segen des indischen Gottes Ganesha, die angezeigten Wartungen überspringen zu können. Ein Wartungshandbuch und eine Bedienungsanleitung in Englisch und in Hindi verbunden mit einem Hinweis des Verkäufers auch an die Wartung zu denken werden ihn jedenfalls nicht unbedingt davon abbringen, sein Auto so lange zu fahren bis es irgendwann einmal irgendwo stehen bleibt. Vermutlich könnte man dem indischen Kunden nahebringen, zu überlegen, ob nicht das Wohlwollen und der

Segen des indischen Gottes Ganesha gerade in Verbindung mit Wartung, zu einer optimalen Nutzung des neu erworbenen technischen Produktes beiträgt. Auch für einen Inder muslimischen Glaubens, der fest davon überzeugt ist, dass alles was ihm geschieht, Inschallah, also in Allahs Händen liegt, könnte es hilfreich sein zu verstehen, dass er mit der Wartung seines Autos durchaus auch dem Wohlwollen Allahs ihm gegenüber entgegenkommt.

Fallbeispiel: Kooperation im Cockpit
Problemschilderung

Nach der Absturzserie sucht Korean Air den Neuanfang. Das Sicherheitsprogramm kommt einer Kulturrevolution gleich. Wie ernsthaft die Bemühungen um die Verbesserung der Flugsicherheit sind, manifestiert sich auch darin, dass Korean Air ihr gesamtes Flugsimulator-Training in die Hände des amerikanischen Unternehmens Flight Safety Boing (FSB) gegeben hat. Seit September 1999 prüfen 70 FSB-Ausbilder die Leistungsfähigkeit der Piloten. "Wir haben eine neue Kultur hinein gebracht", erzählt FSB-Manager Dave Moore. Die Koreaner müssen lernen, im Cockpit entgegen den eigenen Sitten und Gebräuche zu handeln: die Meinung älterer Menschen immer, unbeschadet von deren Qualifikation und Sachangemessenheit zu respektieren, habe in der Vergangenheit so manche Fehlleistungen provoziert. Ein weiteres Problem ist die Sprache, sagt Moore mit Blick auf die besonderen Schwierigkeiten der Koreaner, Englisch zu lernen (FAZ vom 27. September 2000).

Problemklärung und Problemlösung
Unter dem männlichen Flugpersonal im Cockpit bestehen Rangunterschiede in Bezug auf Alter, Berufserfahrung und Funktionen. Unter den Cockpitbesatzungen der Korean Air war offensichtlich ein Hierarchiesystem ausgebildet, das für die Aufrechterhaltung der Flugsicherheit ungeeignet war. Zum Thema Hierarchie- und Statuskriterien in Süd-Korea heißt es bei Brüch und Thomas (2009, S. 41): „Koreaner konzentrieren sich im Berufsleben natürlich auch auf die rationalen Sachaspekte, jedoch haben diese nicht immer Vorrang vor den Auswirkungen ihres Hierarchiedenkens. Bei Kontakten mit Geschäftspartnern, Kollegen oder Mitarbeitern ist es daher sehr wichtig die Position der jeweiligen Person zu kennen, um zu wissen, welches Maß an Respekt man schuldig ist und wie viel Autorität man selbst besitzt." Älteren Personen wird immer und überall Respekt und Anerkennung entgegengebracht und es ist unschicklich und verstößt gegen die kulturspezifische Etikette einem älteren Teammitglied zu widersprechen, selbst dann, wenn die Meinung und Entscheidung des Älteren sachlich falsch ist. So hatten im Fallbeispiel die koreanischen Teammitglieder im Cockpit entgegen ihrer Kulturtradition neu zu lernen, dass Flugentscheidungen nur und ausschließlich

auf der Grundlage von Sachgesichtspunkten zu fällen sind und nicht aufgrund von Alter oder Dauer der Betriebszugehörigkeit des Entscheiders.

  Genau das ist die neue Teamkultur, die von amerikanischen Sicherheitsexperten bei Korean Air eingeführt werden musste. Das Team muss lernen, dass diesem spezifischen Handlungsfeld „Cockpit" zum Zweck der Flugsicherheit, entgegen den gewohnten und verinnerlichten kulturellen Normen, nicht das Alter des Endscheiders, sondern die fachliche Qualität und objektive Richtigkeit für die zu treffende Entscheidung maßgeblich zu sein hat.

Fallbeispiel: Erlernen der Handynutzung

Problemschilderung

  Produktionsfirmen von Handys wollten sicher gehen, dass die Bedienungsanleitungen von den Benutzern gelesen und beachtet werden und beauftragten deshalb Psychologen damit zu klären, wie die Handynutzer in unterschiedlichen Ländern vorgehen, um die sachgerechte Nutzung ihres neu erworbenen Handys zu erlernen.

  Hier die Ergebnisse: 57 % der Handynutzer in Indien fragen Freunde wie man das Handy nutzen kann. 40 % der Chinesen gehen nach Versuch und Irrtum vor und probieren selbst aus wie es geht. 36 % der Italiener lernen auch nach Versuch und Irrtum. 47 % der Deutschen aber lesen die beigefügte Bedienungsanleitung.

Problemklärung und Problemlösung

Jeder Handynutzer, gleichgültig welcher Nation er angehört, wird seine eigene Technik entwickelt haben bzw. im Laufe der Zeit entwickeln, um sein Handy optimal nutzen zu können. Niemand kann einen Kunden zwingen, vor der Handynutzung die Bedienungsanleitung zu lesen. Nun stellt sich aber heraus, dass bestimmte Lernverfahren von den Handynutzern in einigen Nationen häufig, in anderen Nationen nur sehr selten genutzt werden. Dem Lesen der Bedienungsanleitung wird allein in Deutschland die größte Bedeutung beigemessen. Das entspricht der für Deutsche typischen Tendenz zum „Individualismus" und zur „Wertschätzung von Strukturen und Regeln" (Schroll-Machl 2013). Statt Bedienungsanleitungen zu lesen, bevorzugen Handynutzer in Ländern, in denen kulturell bedingt Tendenzen zum „Kollektivismus", zur „Familienorientierung" und zu „sozialen Beziehungen" stark ausgeprägt sind, eher „Freunde fragen" und sich in Gemeinschaft mit anderen mit der neuen Technik vertraut zu machen, wie beispielsweise Inder (Mitterer et al. 2013).

  Die Handyhersteller sind aufgrund dieser Tatsachen gut beraten, die Software so zu programmieren, dass beim weit verbreiteten „Versuch- und Irrtum-Lernen" und „Ausprobieren mit Freunden" die Gerätefunktionen voll erhalten bleiben und nachhaltige Beschädigungen vermieden werden.

Konsequenzen aus den Beispielfällen
- Alle technischen Produkte sind von Menschen erfunden und hergestellt. Sie dienen ihm dazu den Alltag zu meistern und seine Handlungsmöglichkeiten zu erweitern.
- Die verfügbare Technik wird vom Menschen in spezifischer Weise genutzt, bedient, in Gebrauch genommen und abgenutzt. Technische Produkte werden auch willentlich oder aus Unachtsamkeit, Bequemlichkeit und Gewohnheit vorschriftswidrig behandelt, ungenügend gewartet oder zweckentfremdet.
- Sobald der Menschen sich der Technik bedient, also technische Produkte in sein Handlungsrepertoire einbindet, spielen kulturspezifische Determinanten eine Rolle.
- Auch die Art und Weise wie Menschen miteinander umgehen ist kulturspezifisch geprägt, was zum Beispiel in den sehr unterschiedlichen Formen des Grußverhaltens besonders bei Erstbegegnungen zum Ausdruck kommt.

Wie entstehen kulturell bedingte Unterschiede im Denken und wie wirken sie auf das Erleben und Handeln?

Jeder Mensch wird in ein spezifisches soziales Umfeld hineingeboren, und wächst in ihm auf. Die ihn umgebenden und für ihn sorgenden Personen wie Eltern, Verwandte, Nachbarn, Freunde, Lehrer, gleichaltrige Spielkameraden etc. repräsentieren in der Regel kollektiv geteilte Verhaltensregeln, basierend auf Werten, Normen, Gewohnheiten, Sitten und Gebräuchen nach denen sie sich richten und ihr Verhalten ausrichten. Sie sind für die Menschen, die sich diesem sozialen Gefüge, z. B. Nation, Stamm, Clan, ethnischer oder religiöser Gemeinschaft verbunden fühlen, verbindlich und von jedem einzelnen so weit verinnerlicht, dass sie allmählich zur Routine und zur Selbstverständlichkeit werden. Diese kulturspezifischen Verhaltensmerkmale werden an die nächste Generation durch Sozialisations- und Enkulturationsprozesse weitergegeben.

Die Begegnung zwischen Menschen, die in ein und derselben Kultur aufgewachsen sind, verlaufen aufgrund dieser gemeinsamen kulturellen Selbstverständlichkeiten in der Regel relativ problemlos. Man versteht sich und findet schnell einen gemeinsamen Nenner, obwohl auch dann keine vollständige Übereinstimmung in Bezug auf die individuelle Wahrnehmung, das Denken und Urteilen, die Motivation und Emotionen, sowie die Handlungsstrategien vorliegt. Das spezifisch Eigene, die eigene Ausprägung, bleibt zwar bei jedem Partner erhalten, aber die Abweichungen führen nicht zur Irritation sondern liegen in der Regel im gewohnten Toleranzbereich.

Wenn allerdings Personen unterschiedlicher kultureller Herkunft aufeinandertreffen, entsteht eine kulturelle Überschneidungssituation. In dieser Situation treffen eigenkulturelle Orientierungen auf fremde, also andersartige kulturelle Orientierungen des fremden Partners. Auf beiden Seiten entstehen Irritationen, Verunsicherungen und Kontrollverlust, weil die vorweggenommenen Erwartungen bezüglich der Reaktionen des Partners nicht erfüllt werden. Der Partner

© Springer Fachmedien Wiesbaden GmbH 2017
A. Thomas, *Technik und Kultur,* essentials,
DOI 10.1007/978-3-658-19053-8_6

verhält sich anders, als man es selbst erwartet hat und kann sich diese Abweichungen nicht erklären. Die konfliktreich verlaufende und für beide Seiten belastende kulturelle Überschneidungssituation ist deshalb so schwer zu beseitigen, weil alle diese Prozesse automatisch, d. h. unterhalb der Bewusstseinsschwelle ablaufen. Die Prozesse sind in der Regel für beide Partner nicht bewusstseinspflichtig. Mit der Beobachtung des unerwarteten Verhaltens seitens des Partners wird zugleich ein Erklärungsprozess (Attributionsprozess) aktiviert, um eine zutreffende und zufriedenstellende Erklärung für das unerwartete Partnerverhalten zu finden. Die so aktivierten Erklärungsmuster beruhen aber auf den bisherigen eigenkulturellen Erfahrungen die man in ähnlichen Situationen gemacht hat. Ohne spezifische Kenntnisse der kulturellen Orientierungen und Gewohnheiten des Partners, z. B. aus interkulturellen Trainings gewonnen oder erfragt von Experten, die sich mit den kulturellen Gewohnheiten des Interaktionspartners auskennen, ist eine zutreffende Erklärung für das Partnerverhalten nur schwer zu gewinnen.

Die folgende Abbildung zeigt wie die eigenkulturelle Orientierung, die fremdkulturelle Orientierung und das, was bei der interpersonalen Begegnung als interkulturelle Orientierung passiert, miteinander zusammenhängen (Abb. 6.1).

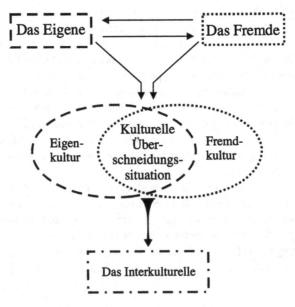

Abb. 6.1 Das Eigene, das Fremde, das Interkulturelle. (Thomas 2014, S. 9)

Das Eigene und das Fremde stehen in einem wechselseitigen Verhältnis zueinander. Wenn nun beide Seiten für einander bedeutsam werden und ein wechselseitiges Beziehungsverhältnis aufgebaut wird, entsteht eine kulturelle Überschneidungssituation in der das Denken und Handeln der Personen von dem bestimmt ist, was die jeweils eigene Kultur vorschreibt. Die Aufgabe besteht nun darin unter Beibehaltung des Eigenen und des Fremden die Besonderheiten des Interkulturellen zu erkennen, zu verstehen, zu respektieren und produktiv damit umgehen zu können.

Am Beispiel des kommunikativen Verhaltens zwischen Deutschen und Amerikanern wird nun genau das, was in dieser Abbildung als Eigenes, Fremdes, sich kulturell überschneidendes und Interkulturelles bezeichnet wird, in seiner wechselseitigen Bedingtheit und Wirksamkeit dargestellt und erläutert.

Oft hört man den Satz: „Schau dir die Leute doch an: Im Prinzip sind alle Menschen gleich, auch wenn sie sich in körperlichen Merkmalen unterscheiden und aus verschiedenen Kontinenten, Ländern und Kulturen stammen." Das hatte die amerikanische Studentin Lisa anfangs auch gedacht, als sie im Rahmen eines Studentenaustauschprogramms an einer deutschen Universität anfing. Sie wurde schnell eines anderen belehrt. Sie berichtet:

Wenn man in Deutschland jemand völlig Fremden ohne Not anspricht, schaut der einen an, als wäre man verrückt. Man kommt mit Deutschen nur schwer in Kontakt, aber wenn man sie um Hilfe bittet, sind sie sehr hilfsbereit. Sie versuchen jedenfalls, einem zu helfen. Wenn ich noch einmal nachfragen muss, weil ich etwas nicht verstanden habe, reagieren sie allerdings manchmal etwas mürrisch. Wenn Deutsche ein echtes Interesse an einem haben, dann fragen sie mich. Ansonsten kommt auch kein Gespräch zu Stande. Am Anfang habe ich das nicht verstanden, das war sehr schwer für mich. Besonders in meiner Küche im Wohnheim ist mir dieser Unterschied zwischen Deutschen und Amerikanern immer sehr aufgefallen. Die Leute hier in Deutschland reagieren, was die Anbahnung und Weiterführung von Gesprächen anbetrifft, ganz anders als in den USA. Deutsche suchen sehr stark ihre Privatsphäre. Selbst im Wohnheim gibt es kaum offene Türen. Ich fange gerne Unterhaltungen an, weil ich mich auf Deutsch unterhalten möchte. Wenn die Leute hören, dass ich Amerikanerin bin, sind sie meistens interessiert und fragen mich etwas. Dann ist es etwas leichter ein Gespräch zu beginnen.
Alles in allem habe ich den Eindruck gewonnen, dass Deutsche nur dann miteinander reden wenn es etwas Wichtiges zu besprechen gibt. Wir US-Amerikaner fühlen uns verpflichtet, mit jedem Menschen der uns begegnet, ein Gespräch zu beginnen. Das ist bisweilen schon sehr stressig, aber tun wir das nicht, dann fühlen wir uns irgendwie schuldig.
Ich würde anderen Amerikanern raten, in Deutschland zurückhaltender zu reagieren, als sie es von zuhause her gewohnt sind und am besten immer um Hilfe zu bitten, denn sonst passiert nichts.

Martin, ein deutscher Student der zusammen mit amerikanischen Studenten in einem Wohnheim einer deutschen Universität lebt berichtet:

> Ich habe die Erfahrung gemacht, dass sich amerikanische Studenten bezüglich der sozialen Kommunikation völlig anders verhalten als wir hier in Deutschland. Sobald man in ihre Nähe kommt sprechen sie einen an, beginnen einen Smalltalk, fragen einen aus, was man so macht und wofür man sich interessiert und wollen sich schließlich noch mit einem zu weiteren Treffen verabreden. Diese Anbiederung und Distanzlosigkeit mag ich eigentlich nicht, aber da die amerikanischen Studenten nun einmal Gäste bei uns sind, bemühe ich mich höflich zu bleiben. Im Grunde genommen aber lehne ich diese Art der Kommunikation ab, denn ich habe keine Lust meine Zeit damit zu verbringen mit Hinz und Kunz zu jeder Zeit und an jedem Ort ein Gespräch anzufangen, wenn es dazu keinen triftigen Grund gibt. Wer von mir etwas will, soll sich gefälligst melden. Ich will mich niemandem aufdrängen und auch selbst nicht ständig in Anspruch genommen werden.

Die kulturspezifischen Unterschiede im Kommunikationsverhalten sind dadurch begründet, dass Amerikaner der Regel folgen: „Du bist verpflichtet mit jedem Mensch der dir begegnet ein Gespräch zu beginnen und eine angenehme zwischenmenschliche Situation zu schaffen!" Man kann dieses Verhalten, als durch den Kulturstandard „Distanzminimierung" herbeigeführt, bezeichnen. Mit Smalltalk wird die Distanz zwischen Personen, die einander begegnen, überbrückt.

Deutsche folgen demgegenüber der Regel: „Mische dich nicht ungefragt in die Angelegenheiten anderer Menschen ein!" Es gibt für Deutsche nichts Schlimmeres als von Personen, die sie nicht kennen, einfach grundlos angesprochen zu werden und die dann auch noch distanzlos drauflos reden. Es bedarf immer erst der Einwilligung zum Gespräch. Kennt man einen sehr gut, ist dadurch schon die Einwilligung gegeben. Kennt man einander noch nicht oder nicht so gut, ergibt sich die Einwilligung eventuell durch das gemeinsame Thema und Anliegen, z. B. am Arbeitsplatz. In allen anderen Fällen muss man sich erst einmal um eine Einwilligung zum Gespräch bemühen. Das Verhalten ist bestimmt durch den Kulturstandard „Distanzdifferenzierung". Der Gesprächsbeginn und Gesprächsverlauf bestimmt sich danach, wie gut man den jeweiligen Gesprächspartner kennt und wie vertraut man miteinander ist.

Auf den ersten Blick mögen diese unterschiedlichen Kulturstandards und das daraus resultierende unterschiedliche Verhalten belanglos erscheinen. Tatsächlich aber hängt die Beurteilung der Persönlichkeit des Gesprächspartners, der Aufbau des Vertrauens zum Gesprächspartner sowie die Bereitschaft mit dem Gesprächspartner weiterhin zu kommunizieren und eventuell zu kooperieren davon ab, wie gut es gelingt mit diesen Unterschieden im Kommunikationsverhalten fertig zu werden. Jeder Partner folgt seinen kulturspezifischen Gewohnheiten, hält sie für angemessen, richtig und zuträglich. Selbst wenn beide Partner sich der kulturspezifischen Unterschiede bewusst sind, ist noch nicht garantiert, dass die Kommunikation reibungslos gelingt. Smalltalk wird von deutscher Seite oft als oberflächliches Geschwätz abgetan, dem keine Ernsthaftigkeit und Verbindlichkeit zuzubilligen ist. Die kommunikative Zurückhaltung der Deutschen erzeugt bei Amerikanern den Eindruck sie seien ausländerfeindlich und kommunikationsunfähig.

Nur wenn beide Partner sich ihrer eigenen kommunikativen Verhaltensgewohnheiten bewusst sind und die fremdkulturellen Kommunikationsgewohnheiten ihres Partner kennen, also mit den kulturbedingten Unterschieden im Kommunikationsverhalten vertraut sind, kann die wechselseitige Akzeptanz und Wertschätzung dieses so ungewohnten Verhaltens gelingen. Erst dann ist eine von Wohlwollen und Anerkennung getragene Kommunikation möglich. Genau das aber ist eine Grundvoraussetzung für das Gelingen von Kommunikation und Kooperation zwischen einzelnen Partnern unterschiedlicher kultureller Herkunft und für die Zusammenarbeit in internationalen Teams.

Was versteht man unter interkultureller Handlungskompetenz?   7

1. Interkulturelle Handlungskompetenz ist die notwendige Voraussetzung für eine angemessene, erfolgreiche und für alle Seiten zufriedenstellende Kommunikation, Begegnung und Kooperation zwischen Menschen aus unterschiedlichen Kulturen.
2. Interkulturelle Handlungskompetenz ist das Resultat eines Lern- und Entwicklungsprozesses.
3. Die Entwicklung interkultureller Handlungskompetenz setzt die Bereitschaft zur Auseinandersetzung mit fremden kulturellen Orientierungssystemen voraus, basierend auf der Grundhaltung kultureller Wertschätzung.
4. Interkulturelle Handlungskompetenz zeigt sich in der Fähigkeit, die kulturellen Bedingtheiten der Wahrnehmung, des Denkens und Urteilens, des Empfindens und des Handelns bei sich selbst und bei anderen Personen zu erfassen, zu respektieren, zu würdigen und produktiv zu nutzen.
5. Ein hoher Grad an interkultureller Handlungskompetenz ist dann erreicht, wenn differenzierte Kenntnisse und ein vertieftes Verständnis des eigenen und fremden kulturellen Orientierungssystems vorliegen und wenn aus dem Vergleich der kulturellen Orientierungssysteme kulturadäquate Reaktions-, Handlungs- und Interaktionsweisen generiert werden können.
6. Die Fähigkeit, kulturelle Bedingtheiten der Wahrnehmung, des Denkens und Urteilens, des Empfindens, der Motivation und des Handelns bei Menschen unterschiedlicher kultureller Herkunft zu erfassen und damit adäquat umzugehen, erfordert nicht nur Wissen und Kenntnisse, sondern auch Kreativität. Es gilt zu erfassen, welche spezifischen kulturellen Bedingtheiten in einem konkreten Fall für das Denken und Handeln des fremdkulturellen Partners wichtig und bedeutsam sind und welche Einstellungen und als selbstverständlich erscheinenden Bewertungsmaßstäbe man in die Beurteilung des Falles mit einbringt (Thomas 2011, 2014).

© Springer Fachmedien Wiesbaden GmbH 2017
A. Thomas, *Technik und Kultur*, essentials,
DOI 10.1007/978-3-658-19053-8_7

Studierende aus technischen, ingenieurwissenschaftlichen und naturwissenschaftlichen Studiengängen reagieren auf solche Definitionen und den damit verbundenen Inhalten zwischenmenschlicher Kommunikation und Kooperation nicht selten mit:

> Also, diese Definitionen sind mir absolut zu abstrakt! Was Sie damit ausdrücken ist für mich wie Watte! Ich habe das Gefühl, ich stecke im Nebel und habe keinen Durchblick mehr! Bei Diskussionen zur interkulturellen Thematik habe ich oft den Eindruck es ist bereits alles gesagt, aber es muss immer noch mal alles wiederholt werden. Warum eigentlich? Alles ist immer so schwammig, so wenig konkret! Ich habe oft den Eindruck, den Boden unter den Füßen zu verlieren! Mir fehlen Orientierungspunkte, ich habe keine Haltepunkte, die eindeutig sind. Vieles wird immer wieder neu in Frage gestellt. Es fehlen mir gesicherte Regeln, vielleicht auch Gesetzmäßigkeiten nach denen man vorgehen kann, wenn in einer interkulturellen Begegnungssituation Probleme auftreten. Ich will wissen, was Sache ist und was gilt!

Eine erste Orientierung zur Schaffung von Klarheit ergibt sich aus den Aussagen des Schemas zur Eigenkultur, Fremdkultur und Interkulturalität. Konkretisiert ist das in der Schilderung der deutschen und amerikanischen Kommunikationsregeln und deren Wirkungen auf die wechselseitige Beurteilung der Kommunikationspartner.

Eine weitere Orientierung und Schaffung von Klarheit ergibt sich aus der Tatsache, dass Menschen nicht einfach auf irgendwelche Reize die sie empfangen nur reagieren. Vielmehr wird ihr Verhalten in allen Fällen von Erwartungen gesteuert. Das gilt insbesondere für die Kommunikation, Interaktion und Kooperation zwischen Personen. Aufgrund der bisherigen Erfahrungen und den gegenwärtig herbeigeführten oder entstandenen situativen Bedingungen entwickelt der Handelnde mehr oder weniger spezifische Erwartungen in Bezug auf das Aussehen, die Aussagen, die begleitenden Absichten und die Reaktionen des Partners. Alles das, was an Erwartungen aufgebaut wird, ist in der konkreten Interaktionssituation dem Bewusstsein zunächst einmal nicht zugänglich. Der Handelnde denkt darüber nicht nach. Die Aktivierung von Erwartungen erfolgt automatisch.

In der Interaktionssituation werden die Erwartungen mit dem, was an Reaktionen tatsächlich stattfindet und beobachtet wird, verglichen. Daraus werden Schlussfolgerungen gezogen. Bei einem hohen Maß an Übereinstimmung zwischen Erwartung und Realität stellt sich ein Gefühl der Zufriedenheit und Orientierungsklarheit ein. Ab einem gewissen Maß an Abweichung zwischen Erwartung und Realität entstehen Irritationen. Es stellt sich ein Gefühl von Unsicherheit und Kontrollverlust ein. Weiterhin entwickelt sich das Bedürfnis nach zufriedenstellender Aufklärung der erfahrenen Diskrepanzen zwischen Erwartungen und Realität. Wenn sich eine solche Klärung nicht aus der Situation heraus ergibt und sich nicht erschließen lässt, wird der Handelnde selbst Gründe für das unerwartete Partnerverhalten konstruieren (Kausalattributionen).

Welche Probleme bei einer Erstbegegnung zwischen Menschen aus unterschiedlichen Kulturen entstehen können und wie sehr schon dabei interkulturelle Handlungskompetenz gefragt ist illustriert die folgende Abbildung (Abb. 7.1).

Was kann man mit Hilfe der Abbildung erkennen?
Abb. 7.1 zeigt die Begegnung zwischen einem amerikanischen Geschäftsmann und einem chinesischen Geschäftspartner, die sich zu Vertragsverhandlungen treffen (Schneiter 2001). Es könnte auch ein deutscher Geschäftspartner sein. Beide begrüßen sich und alles scheint in großer Harmonie zu verlaufen. Der Amerikaner spricht seinen Partner sofort an, tritt etwas stürmisch und recht direkt auf. Der Chinese ist demgegenüber zurückgeneigt, lächelt etwas verlegen reicht aber die Hand zum Gruß.

In den Gedankenblasen beider Partner sind die Fremdbilder dargestellt, die zwar das Verhalten und die Bewertung der wechselseitige Reaktionen steuern, die

Abb. 7.1 Die Erstbegegnung bei Verhandlungen. (Schneiter 2001)

den handelnden Personen selbst aber in dieser Situation nicht bewusst sind. Diese Bilder entstehen aus den Erfahrungen, Vorstellungen und Einstellungen sowie Vorurteilen, die von den handelnden Personen in der Vergangenheit entwickelt wurden. Auch bei Erstbegegnungen entstehen Bilder dieser Art, obwohl die handelnden Personen noch gar keinen Kontakt und damit keine Erfahrung mit Partnern aus der jeweiligen Kultur gemacht haben. Sie halten an diesen vagen und womöglich falschen Bildern fest, weil sie zur Ausbildung der erforderlichen Erwartungen nichts anderes zur Verfügung haben.

Dieser Prozess der Erwartungsbildung durch die Aktivierung des Fremdbildes erfolgt unbewusst, ist also nicht bewusstseinspflichtig, und wird im Wahrnehmungsvorgang auch keiner kritischen Überprüfung unterzogen.

Auf die Einstellungs- und Erwartungsbildung und damit auch auf das soziale Verhalten wirken neben diesen *Fremdbildern* noch zwei weitere Bilder ein: die *Selbstbilder,* also die Bilder, die sich die Personen von sich selbst machen, und die *vermuteten Fremdbilder* (Abb. 7.2). Das sind die Bilder von denen die einzelnen Personen glauben, dass der jeweilige Partner sie sich von ihnen konstruiert hat. Auf das im Bild gezeigte interaktive Geschehen wirken also auf

Deutscher	Chinese
Fremdbild Geheimnisvoll, unzugänglich, verschlossen	**Selbstbild** Kulturelle Überlegenheit mit Ausbeutungsorientierung
Selbstbild Helferpose mit Gewinnorientierung	**Fremdbild** Primitiver Barbar, vor dem man sich in Acht nehmen muss und den man überlisten kann
vermutetes Fremdbild Lehrer-Schüler-Beziehung mit Gehorsams- und Dankbarkeitsorientierung	**vermutetes Fremdbild** Armer ungebildeter Chinese, der zur Gewinnmaximierung ausgenutzt werden kann

Abb. 7.2 Fremdbilder, Selbstbilder und vermutete Fremdbilder. (Thomas 2014, S.11)

jeder Seite drei sehr unterschiedliche Bilder ein. Es bilden sich entsprechende Erwartungen aus. Diese wiederum beeinflussen die wechselseitigen Beurteilungsprozesse und Stimmungslagen (Sympathie oder Antipathie, Zufriedenheit oder Unzufriedenheit) und haben Einfluss auf die folgenden Handlungsgeschehen, in diesem Fall das Verhandlungsverhalten.

Die in der Darstellung eingezeichneten Pfeile weisen darauf hin, dass zum Beispiel das Bild, das sich der Deutsche vom Chinesen gebildet hat, also sein Fremdbild, erheblich von dem Bild abweichen kann was der Chinese glaubt, dass der Deutsche sich von ihm gemacht hat (vermutetes Fremdbild aus chinesischer Sicht). Auch das Fremdbild des Chinesen bezüglich des Deutschen weicht deutlich von dem ab, was der Deutsche glaubt, dass der Chinese von ihm denkt (vermutetes Fremdbild aus deutscher Sicht).

Den handelnden Personen sind diese Bilder und deren Wirkungen zumindest in der konkreten Interaktionssituation nicht bewusst.

Was kann man daraus in Bezug auf interkulturelle Handlungskompetenz lernen?

Wer sich vor einer interkulturellen Interaktionssituation Gedanken macht, wie sein eigenes Selbstbild, sein Fremdbild und das vermutete, auf die eigene Person bezogene, Fremdbild seitens des Partners aussieht und dann versucht, sich Klarheit über die Wirkungen dieser Bilder zu verschaffen, erhöht seine Chancen interkulturelle Interaktionssituationen realistisch zu beurteilen.

Ein Übungsvorschlag für Sie: Formulieren Sie unter Berücksichtigung der Abbildung die vermutlich konstruierten Selbstbilder und vermuteten Fremdbilder. Dann versuchen Sie die entsprechenden Bilder miteinander zu vergleichen. Vergleichen Sie beispielsweise das Selbstbild des Deutschen mit dem vermuteten Fremdbild seitens des Chinesen und finden Sie heraus, inwieweit diese wohl übereinstimmen oder sich widersprechen und deshalb zu Fehlinterpretationen und Konflikten führen können.

Vieles von dem, was bisher zum Verlauf kulturell bedingt kritischer Interaktionssituationen und den dabei auftretenden Problemen gegenseitiger Verständigung sowie den Möglichkeiten der Entwicklung interkultureller Handlungskompetenz thematisiert wurde, lässt sich recht gut an dem folgendem Fallbeispiel „Verhandlungsprobleme in China" illustrieren und erkennen.

Auch die Wirkungen der Fremdbilder, Selbstbilder und vermuteten Fremdbilder auf das Verhalten in komplexen, kulturell bedingten Überschneidungssituationen und den dabei stattfindenden Interaktionsprozessen wird in dem folgendem authentischen Fallbeispiel einer misslungenen deutsch-chinesischen Verhandlung deutlich.

Wann ist interkulturelle Handlungskompetenz gefordert?

Interkulturelle Handlungskompetenz ist immer dann gefordert, wenn es zu unerwarteten Verhaltensreaktionen kommt. Wenn diese nicht mit den bisherigen Erfahrungen und Erklärungskonstrukten, also den Ursachenzuschreibungen (Kausalattributionen) zu verstehen sind und wenn sie zudem in ähnlichen Situationen immer wieder bei wechselnden Partnern aus der Fremdkultur erfahren werden. Wenn erwartungswidrige Verhaltensreaktionen immer nur bei ein und derselben Person beobachtet werden, kann es sich um eine persönlichkeitsspezifische Verhaltensgewohnheit handeln und darf nicht als kulturspezifisch determiniertes Verhalten missverstanden werden. Das folgende Fallbeispiel zeigt sehr deutlich, welche fatalen Wirkungen ein kulturspezifisch unangemessenes Verhalten zur Folge haben kann und was an interkultureller Handlungskompetenz verlangt wird, um erfolgreich zu verhandeln.

Fallbeispiel: Verhandlungsprobleme in China
Problemschilderung

Herr Müller ist Verkaufsleiter eines größeren mittelständischen Unternehmens in Nordrhein-Westfalen, das sich auf Filteranlagen zur Reduzierung von Feinstaubbelastung spezialisiert hat. Auf der Industriemesse in Hannover lernte er einige Interessenten aus China kennen, die um Zusendung von Prospektmaterial baten und nach zwei Monaten drei chinesische Ingenieure zur Werksbesichtigung nach Deutschland schickten.

Herr Müller war erstaunt, wie gut die drei chinesischen Fachleute über Filtertechniken verschiedenster Art informiert waren und wie detailliert sie die ihnen zugesandten Unterlagen studiert hatten. Für Herrn Müller war das ein Beleg für seine Überzeugung, dass man immer am besten mit den ausländischen Kunden zurechtkommt, die auf gleichem technischem Niveau stehen

© Springer Fachmedien Wiesbaden GmbH 2017
A. Thomas, *Technik und Kultur,* essentials,
DOI 10.1007/978-3-658-19053-8_8

wie man selbst und eben entsprechend qualifiziert sind. Deshalb war er auch sehr froh, als er drei Monate später zu Vertragsverhandlungen nach Beijing eingeladen wurde. Die chinesischen Ingenieure hatten angedeutet, dass sie Interesse daran hätten, von seiner Firma Filteranlagen zu kaufen.

Auslandserfahrungen mit Kontakten in die USA und in osteuropäische Länder hatte Herr Müller schon, aber China kannte er bislang noch nicht. Die ersten Verhandlungen vor Ort verliefen aus seiner Sicht recht Erfolg verspre-chend, obwohl die drei chinesischen Fachleute, die er in Deutschland kennen gelernt hatte, an den eigentlichen Verhandlungen nicht teilnahmen. Er konnte auch nicht herausfinden, ob sie überhaupt noch für die Firma arbeiteten, mit der er jetzt verhandelte.

Ein gutes halbes Jahr später war er nun zum vierten Mal zur Fortsetzung und, wie er hoffte, zum Abschluss der Vertragsverhandlungen in Beijing. Die Chinesen waren wieder sehr interessiert an dem, was er vorschlug.

Doch so richtig vorwärts ging bei diesen Verhandlungen nichts.

Inzwischen bekam Herr Müller erhebliche Schwierigkeiten im eigenen Stammhaus. Die Zeit drängte, der Geschäftsführung des Unternehmens schie-nen die Verhandlungen nicht effektiv genug zu verlaufen und man äußerte Missfallen über seine „wenig glückliche" Verhandlungsführung.

Bei Herrn Müller stauten sich Frust und Verärgerung auf.

Als auch in einer weiteren Verhandlungsrunde keine Einigung zu Stande zu kommen schien, glaubte Herr Müller die Taktik seiner chinesischen Verhand-lungspartner endlich durchschaut zu haben. Sie wollten ihn doch nur hinhal-ten, um möglichst viele Informationen aus ihm herauszupressen, mit denen sie dann sein Unternehmen gegen die Konkurrenz ausspielen konnten.

Er war wütend und verärgert über seine Verhandlungspartner, hinzu kamen die Belastungen der zermürbenden Verhandlungswochen.

Zu guter Letzt zeigte er eine Reaktion, die man hierzulande mit dem Aus-druck „denen mal ordentlich Bescheid sagen" und „kräftig auf den Tisch hauen" beschreiben würde: Völlig unvermittelt schrie Herr Müller seine chine-sischen Verhandlungspartner an, er sei nicht mehr bereit, sich weiter hinhalten zu lassen, das „Um-den-heißen-Brei-Herumreden" müsse endlich aufhören, er wolle Klarheit und Verbindlichkeit und überhaupt, seine Geduld sei nun am Ende.

Die chinesischen Verhandlungspartner wurden blass und schwiegen. Die Verhandlungen kamen nicht zum Abschluss.

Nach seiner Rückkehr in die Heimat erfuhr Herr Müller von seinem Vor-gesetzten, dass dies seine letzte Chinareise gewesen sei. Die Chinesen hätten zwar brieflich weiterhin Interesse an dem geplanten Geschäft geäußert, ohne aber auf die von ihm geführten Verhandlungen auch nur mit einem Wort einzugehen. Man müsse wohl mehr oder weniger wieder von vorne anfangen und dies mit einem anderen Firmenvertreter. Herr Müller fühlte sich vor den Kopf gestoßen, er hatte doch so viel investiert. Warum hatten die Chinesen sich nur so verhalten?

Ein Arbeitsauftrag für Sie: Bevor Sie das lesen, was unter den Abschnitten Problemanalyse, Fehler bei der Verhandlungsführung und Problemlösungen zu finden ist, sollten Sie sich zu jeder der gestellten Fragen eine eigene Meinung bilden. Sie sollten die Ergebnisse Ihrer Überlegungen schriftlich festhalten und dann erst zu den nachfolgenden Texten übergehen.

Wer die folgenden Fragen zutreffend beantworten kann, besitzt schon ein gewisses Maß an interkultureller Handlungskompetenz!

Fragen

Was hat Herr Müller falsch gemacht, weswegen er von den Chinesen nicht mehr als Verhandlungspartner akzeptiert wird?

Warum haben die chinesischen Partner nach den Beschwerden von Herrn Müller, er sei nicht mehr bereit, sich weiter hinhalten zu lassen, geschwiegen?

Was ist von der Meinung von Herrn Müller zu halten, dass die Chinesen überhaupt nicht daran dachten, seriös zu verhandeln, sondern nur an seinen Informationen interessiert seien, um ihn gegen Konkurrenten auszuspielen zu können?

Wodurch wird Herr Müller so massiv belastet, dass er so heftig reagiert?

Was hätte Herr Müller tun können, um bei den Verhandlungen ein positives und produktives Ergebnis zu erreichen?

Welche kulturspezifischen Orientierungen sind wohl für die Auslösung des Konflikts handlungswirksam?

Wie sollte sich die Firmenleitung nun verhalten?

Folgende Publikationen enthalten wertvolle Informationen zur Beantwortung der Fragen: Thomas et al. (2015); Schroll-Machl (2013 und 2016).

Problemanalyse
„So richtig vorwärts geht nichts"

Der deutsche Manager erwartet, dass klar und verständlich vorgetragene Vertrags- und Verhandlungsangebote aufgegriffen, nachgefragt, beantwortet und zügig zu einem zufriedenstellenden Ergebnis und Abschluss geführt werden. Dies muss zudem in einem Zeitraum geschehen, der zwar nicht genau festgelegt ist, der aber vertretbar und absehbar ist. Das Verlaufsprinzip bei Verhandlungen nach deutschen Vorstellungen folgt eher einem *linearen Verhandlungskonzept* nach dem Muster: Anfang – Entwicklung – Resultat. Die Verhandlungen gehen kontinuierlich voran, die Qualität der Verhandlungsergebnisse wird immer besser und nach einem bestimmten Zeitabschnitt gehen die Verhandlungen dem Ende entgegen und werden abgeschlossen.

Die chinesischen Partner folgen einem eher *zyklischen Verhandlungskonzept:* Viele Prozesse der Informationsgewinnung und -weitergabe, viele Erörterungen, Diskussionen etc. wiederholen sich und betreffen im Verlauf der Verhandlungen immer größere Personenkreise, wobei die Verhand-lungsresultate dichter, fester, stabiler und damit auch qualitätsvoller werden.

In den Verhandlungen wird bereits Besprochenes wiederholt. Die Chinesen in dem vorgetragenen Beispiel wollen ein Produkt kaufen. Dazu müssen alle direkt und indirekt vom Verhandlungsresultat betroffenen Personen das Produkt und seine Details kennenlernen. Die gegenseitige Information und Abstimmung sowohl auf der horizontalen Ebene als auch auf den vielfältig verschachtelten vertikalen Organisationsebenen nehmen viel Zeit in Anspruch. Vieles wird erneut erörtert und von unterschiedlichen Sichtweisen aus betrachtet. Je wichtiger das Produkt und je langfristiger die Konsequenzen aus einem Geschäft sind, umso mehr Zeit bedürfen Verhandlungsverlauf und die Vorbereitung des Vertragsabschlusses.

So ziehen sich die Verhandlungen notwendigerweise in die Länge, was aus chinesischer Sicht aber in Anbetracht der Bedeutsamkeit der Verhandlungen selbstverständlich ist. Wichtige Verhandlungen kann man einfach nicht in kurzer Zeit abschließen. Man muss sich über einen gebührend langen Zeitraum mit den wichtigen Details beschäftigen, um der Bedeutung des Projekts gerecht zu werden.

„Die Zeit drängte, die Verhandlungen liefen nicht effektiv"
Was sich ohne erkennbaren Grund lange hinzieht, ist aus deutscher Sicht, aber auch nach internationalen Managementvorstellungen nicht produktiv, ist kostenintensiv, passt nicht ins gewohnte Managementdenken und bedarf der Erklärung. Ineffektiv verlaufende Verhandlungen müssen reflektiert, einer Ursachenanalyse unterzogen und präzisiert werden. Gegenmaßnahmen sind zu ergreifen oder die Verhandlungen müssen als gescheitert betrachtet werden.

Aus chinesischer Sicht verlaufen die Verhandlungen, obwohl oder gerade weil sie sich lange hinziehen, sehr produktiv.

„Der Geschäftsführung des Unternehmens scheinen die Verhandlungen nicht effektiv genug"
Hier taucht ein altes Problem auf: Die Vorgesetzten und Kollegen im Stammhaus, die die schwierigen und oft komplexen Probleme vor Ort nicht kennen, die mit den Regeln chinesischer Geschäftsverhandlungen wenig vertraut sind, keine Sensibilität und kein Einfühlungsvermögen besitzen. Sie werden misstrauisch bezüglich der lange andauernden Verhandlungen und die Effektivität der Verhandlungen. Auch für sie bedürfen Abweichungen vom Gewohnten der Erklärung; dazu fällt ihnen aber nichts Besseres ein als eine personenspezifische Ursachenzuschreibung (Kausalattribuierung), die lautet: „Wenig glückliche Verhandlungsführung" des Auslandsrepräsentanten Herr Müller.

„Der Manager glaubt, die Taktik der Chinesen durchschaut zu haben"
Er interpretiert das Verhalten der Chinesen als reine Hinhaltetaktik, die dazu dient, ihn zu zermürben. Zudem wollen die Chinesen durch das Hinauszögern der Verhandlungen und die immer wieder von vorne beginnenden Diskussionen an Informationen herankommen, die sie sonst nicht bekommen könnten und mit denen sie ihn gegen Konkurrenten ausspielen können.

Mit dieser Interpretation des Verhaltens seiner chinesischen Verhandlungspartner werden für den deutschen Manager alle bisherigen Unklarheiten vermeintlich schlagartig beseitigt. Er glaubt den wahren Grund für das chinesische Verhandlungsverhalten zu erkennen. Er überwindet damit seine Unsicherheit und gewinnt ein höheres Maß an Orientierung und Klarheit. Die unklare und widersprüchliche Verhandlungssituation wird für ihn wieder durchschaubar und kontrollierbar.

Wenn diese Interpretation des Verhaltens der chinesischen Verhandlungspartner auch falsch ist, weil sie aus den deutschen und nicht aber aus den chinesischen Denk- und Verhaltens- (Verhandlungs-) gewohnheiten heraus entwickelt ist und weil sie nur deutschen Kulturstandards folgt, so hat sie für den deutschen Manager doch einen hohen Orientierungswert. Er glaubt nun zu wissen, woran er mit seinen Partnern ist und kann sich darauf einstellen. Zur kulturadäquaten Beurteilung seiner chinesischen Verhandlungspartner fehlt ihm allerdings kulturspezifisches Wissen und die erforderliche Sensibilität für kulturdivergentes Verhalten. Ihm fehlt zudem die Fähigkeit, die eigentlich wirksamen Ursachen für die auftretenden Probleme zu erkunden und zu erkennen.

**„Er war wütend und verärgert über seine Verhandlungspartner, und schließ-
lich schrie er sie unvermittelt an, dass er nicht mehr bereit sei, sich von ihnen
hinhalten zu lassen"**
Selbst wenn die chinesische Verhandlungsdelegation die physischen und psy-
chischen Belastungen ihres deutschen Verhandlungspartners erkannt hätte, was
eher unwahrscheinlich ist, da sie selbst mit ihren Verhandlungsproblemen vollauf
beschäftigt war, hätte sie die Reaktion des Deutschen nicht verstehen und akzeptieren können. Jemand, der sich so gehen lässt, verliert nach chinesischer Auffassung vollständig sein Gesicht. Er zerstört die zwischenmenschliche Harmonie,
indem er sich selbst und seine Partner in Verlegenheit bringt. Damit ist er in den
Augen von Chinesen kein zuverlässiger und vertrauensvoller Verhandlungs- und
Kooperationspartner mehr. Er verliert seine Kompetenz und sein Renommee.

Fehler bei der Verhandlungsführung
Der deutsche Manager hat aus Unkenntnis, aus mangelnder Feinfühligkeit und
aufgrund falscher, d. h. kulturinadäquater Begründungskonstrukte (Attributionen)
folgende Fehler begangen:

- Er hat nicht beachtet, dass in China wie auch in anderen ostasiatischen Kulturen alle wichtigen Entscheidungen unter den von der Entscheidung betroffenen Personen besprochen, diskutiert und auf gegenseitige Akzeptanz hin
  überprüft werden. Diese gegenseitige Information und Abstimmung aber kos-
  tet viel Zeit. Eine auf diese Weise getroffene Entscheidung ist dann allerdings
  auch stabil und über lange Zeit hinweg widerstandsfähig.
- Er hat nicht beachtet, dass gerade dann, wenn die zu treffenden Entscheidungen von großer Bedeutung sind und weitreichende Folgen haben, aus chinesischer Sicht keine Eile geboten ist, sondern eher eine der Bedeutung des
  Verhandlungsgegenstandes angemessen lange Zeit zur Vorbereitung der zu
  treffenden Entscheidungen und der Verhandlungsführung notwendig ist.
  Hinzu kommen die in planwirtschaftlich-zentralistischen Systemen üblichen
  Rücksichtnahmen auf politische und bürokratische Entscheidungsträger, verbunden mit umständlichen und langwierigen Antrags- und Genehmigungsver-
  fahren. Seine Partner konnten gar nicht schneller verhandeln, selbst wenn sie
  es gewollt hätten.
- Er hat nicht beachtet, dass es für Chinesen völlig unüblich ist, Konflikte mit
  anderen Personen und problematische Situationen dadurch zu bereinigen, dass
  man die Konfliktursachen und die als problematisch erlebten Beziehungsverhältnisse offen und sehr direkt anspricht, um auf diese Weise Klarheit in die
  Beziehungsverhältnisse zu bringen und eine gegenseitig befriedigende Lösung

anzustreben. Er hat nicht beachtet, dass Chinesen dazu neigen, über interpersonale Konflikte und Schwierigkeiten hinwegzusehen, sie zu ignorieren und sie allenfalls auf indirektem Wege (indirekte Kommunikation) anzusprechen und zu klären.

- Er hat nicht beachtet, dass es in China unüblich ist, so unkontrolliert seine Gefühle zu äußern und den Partner zu maßregeln, mit dem man doch weiter verhandeln und eventuell einmal gut zusammenarbeiten möchte. Dies führt in China unweigerlich zu einem so nachhaltigen Gesichtsverlust, dass eine weitere Zusammenarbeit speziell mit diesem deutschen Manager für die chinesischen Verhandlungspartner ausgeschlossen ist. Nur wenn die Person, die ihr Gesicht verloren hat, gegen einen neuen Verhandlungspartner ausgetauscht wird, können die Verhandlungen wieder aufgenommen und zum Abschluss gebracht werden. Das gilt auch für den Fall, dass ein Chinese sein Gesicht verliert.

Auf jeden Fall sind durch das aus deutscher Sicht durchaus verständliche Verhalten des deutschen Managers nicht nur erhebliche Kosten entstanden und die Verhandlungen verzögert worden. Es entstand zudem ein erhebliches Risiko, dass diese Verhandlungen völlig scheiterten, kein erfolgreicher Abschluss zustande gekommen wäre und die angestrebten langfristigen ökonomischen Erfolge ausblieben.

Wege zur Problemlösung

Nachdem die Verhandlungen sehr erfolgversprechend begonnen hatten, bereits viele Gespräche durchgeführt wurden, der deutsche Manager immer wieder neue Informationen nachgeschoben hatte sowie seine Bereitschaft zu Zugeständnissen und Konzessionen gezeigt hatte, schienen die Verhandlungen aus seiner Sicht auf ein für ihn positives Ergebnis zuzulaufen. Als er schließlich bemerkte, dass im Sinne des angestrebten Verhandlungsergebnisses bisher noch nichts Substantielles erreicht worden war, hätte er sich zunächst einmal gezielt um Informationen über den Verlauf der internen Diskussions- und Informationsprozesse bei den Chinesen bemühen müssen. Dazu hätte er beispielsweise eine chinesische Vertrauensperson einschalten können, die über ihr persönliches Beziehungsnetz (guanxi) Informationen darüber hätte einholen können, welche Teile des Verhandlungspakets unstrittig sind und welche Abstimmungen, Entscheidungen, Genehmigungen usw. noch ausstanden.

Falls ihm keine Mittelsperson für diese Aufgabe zur Verfügung gestanden hätte, wäre es für ihn möglich gewesen, vorsichtig und auf indirekte Weise, den Leiter der chinesischen Verhandlungsdelegation darüber zu informieren, dass er seitens seiner deutschen Vorgesetzten immer wieder Anfragen bekommt, wie weit die Verhandlungen nun gediehen seien und wann man zum Abschluss kommen könne. Er hätte seinem chinesischen Verhandlungspartner zu verstehen geben können, dass er versucht, seine Vorgesetzten davon zu überzeugen, dass die Verhandlungen auf einem guten Wege sind, dass aber noch viele Details im Verhandlungspaket in China besprochen werden müssen und dass es zur Klärung einer längeren Zeit bedarf. Er könnte zudem seinen Partner darauf hinweisen, dass die deutschen Vorgesetzten nun eine Art Zwischenbescheid benötigen, damit sie den Fortschritt der begonnenen Verhandlungen beurteilen können. Er könnte vorschlagen, mit dem chinesischen Partner zusammen zu überlegen, mit welchen Informationen man seine Vorgesetzten in Deutschland überzeugen könnte, dass die Verhandlungen bisher gut verlaufen sind und dass man sich weiterhin um eine Einigung auf ein Verhandlungsergebnis bemüht.

Auf diese Weise könnte der deutsche Manager in dieser Situation fünf für ihn wichtige Ziele erreichen:

1. Er signalisiert seinem chinesischen Partner, dass er von einer positiven Verhandlungsabwicklung ausgeht und dass er, damit das so bleibt, seine Kooperationsbereitschaft bei der Erstellung von Argumentationshilfen benötigt.
2. Falls der chinesische Partner auf dieses Angebot eingeht, erhält er konkrete Informationen über den Stand der Abstimmungsprozesse auf chinesischer Seite. Er gewinnt dadurch Klarheit und Orientierungssicherheit und weiß somit, woran er ist. Falls ihm der Chinese diese Zusammenarbeit verweigert, indem er ihn mit nichtssagenden Floskeln abspeist und ihn nicht unterstützt, dann dient das ebenfalls der Klarheit.
3. Falls der chinesische Partner ihm die erbetene Unterstützung gibt, gewinnt er wieder Kontrolle über die Situation. Er hat erreicht, dass der chinesische Partner ihn informiert, und er kann mit diesen Informationen gegenüber seinen Vorgesetzten seine Leistungsfähigkeit in der Beherrschung der schwierigen Verhandlungssituation unter Beweis stellen.
4. Der deutsche Verhandlungsleiter kann über diese zunächst harmlos erscheinende Bitte um Unterstützung und Kooperation prüfen, ob es dem chinesischen Partner wirklich um Zusammenarbeit geht oder ob das Verhalten tatsächlich ein Resultat von Hinhaltetaktik, Informationsausbeutung und Ausspielen gegenüber Konkurrenten ist.
5. Falls dieser Versuch, auf indirektem Wege Informationen über den Entscheidungsprozess auf chinesischer Seite zu bekommen, fehlschlagen sollte, bestünde für den deutschen Verhandlungsleiter immer noch die Möglichkeit, dem chinesischen Partner zu signalisieren, dass er wegen anderweitiger Verpflichtungen

zunächst einmal für längere Zeit nach Deutschland zurückreisen müsse, dass er aber jederzeit für ihn als Gesprächspartner weiter zur Verfügung stünde, falls die Verhandlungen fortgeführt werden sollten. Er könnte sich so zunächst einmal von dem Druck befreien, der auf ihm lastet, die chinesischen Partner schnell zu einem Verhandlungsabschluss zu bringen. Die Gesprächs- und Verhandlungsinitiative läge nun bei den Chinesen, die falls sie wirklich ein so hohes Interesse an dem angebotenen Produkt und dem geplanten Joint-Venture haben, darauf über kurz oder lang eingehen werden.

Welche Schlussfolgerungen lassen sich aus diesem Fallbeispiel ziehen und verallgemeinern?

Für den deutschen Verhandlungsleiter ist es von entscheidender Bedeutung, in der geschilderten Situation Handlungs- und Entscheidungsblockierungen aufgrund überstarker emotionaler Belastungen zu verhindern. Durch ein kulturadäquates Kommunikations- und Kooperationsverhalten (Gesicht wahren, guanxi) kann er ein für beide Seiten produktives und zufriedenstellendes Gesprächs- und Arbeitsklima schaffen.

Dieses Verhalten bedeutet noch keineswegs, sich nur nach den chinesischen Kulturstandards zu richten, sich völlig anzupassen und alle eigenen Wertvorstellungen und Normen aufzugeben.

Das geschilderte Lösungsverhalten zielt darauf ab:

- Informationssammlung und Situationsanalyse vorzunehmen.
- Angebot zu Kooperation zum gemeinsamen Vorteil nutzen.
- Eigene Vorstellungen und Wünsche sozial verträglich und mit Überzeugung vermitteln.
- Kontrolle über das Geschehen behalten.
- Alle sich bietende kulturspezifischen Handlungsmöglichkeiten zur Problemlösung zu nutzen, unter Beachtung der kulturspezifischen Handlungsgrenzen.

Fallbeispiel: Wiederaufforstung in Afghanistan (Fortsetzung)

Sie erinnern sich sicher noch an das Fallbeispiel: Wiederaufforstung in Afghanistan.

Wenn die von Ihnen im Rahmen des Wiederaufforstungsprogramms vorgenommenen Anpflanzungen, für die Sie verantwortlich sind, immer wieder von der bitterarmen Landbevölkerung geplündert werden und das so gewonnene Holz auf den lokalen Märkten als Brennholz verkauft wird, ist abzusehen, dass bald nichts mehr von diesem für die Entwicklung des Landes als so wichtig angesehenen Entwicklungshilfeprogramm übrig bleibt.

Die Frage ist noch ungelöst:
Wie kann man diese Holzdiebstähle verhindern? Haben Sie eine Antwort
gefunden?

Problemklärung und Problemlösung
Für Sie und die Entwicklungsexperten ist klar, wie bedeutsam eine solche Wiederaufforstung für die Verbesserung des gesamten Klimas des Landes und der
Böden für eine ertragreiche Landwirtschaft sind, damit die Urenkelgeneration
verbesserte Lebensbedingungen vorfindet.

Der afghanische Bauer ist in der augenblicklichen Situation froh, wenn er
und seine Familie einigermaßen überleben können. Er muss notgedrungen jede
sich bietende Gelegenheit nutzen die Einkommensmöglichkeiten zu verbessern.
Weder mit Zäunen noch mit hohen Strafen für Holzdiebstahl wird man deshalb
die Anpflanzungen schützen können. Die Aufforstung müsste für jeden afghanischen Bauern und seine Familienmitglieder in den umliegenden Dörfern einen
für alle nachvollziehbaren, so hohen Wert, bekommen, dass sie sich aus eigenem
Antrieb verpflichtet fühlen, die Anpflanzungen zu schonen, um für ein gedeihli-
ches Wachsen der Bäume zu sorgen und das über mehrere Generationen hinweg.
Um das zu erreichen, müsste der Entwicklungsexperte folgende Fragen beantworten:

Was ist für einen afghanischen Bauern und seine Familienmitglieder das wich-
tigste in ihrem Leben?

Antwort: Allahs, des Allmächtigen, Willen zu erfüllen!

Wo kann man die Willensäußerungen Allahs nachlesen?

Antwort: Im Koran sind sie niedergelegt!

Welche Aussagen im Koran wären für diesen Fall relevant?

Antwort: Alle Suren im Koran die einen Hinweis auf den Schutz der Natur
aufweisen!

Wie kann man die relevanten Vorschriften im Koran unter die Leute bringen?

Um Ihre Anpflanzung nachhaltig wirksam zu schützen, sollten Sie Kontakt zu
den Imamen aufnehmen und versuchen, sie für das Wiederaufforstungsprogramm
zu interessieren, mit Verweis auf entsprechende Aussagen im Koran. Im Rahmen
der Freitagsgebete müssen die Imame in ihren Predigten darlegen, dass die Wiederaufforstung dem Willen und den Geboten Allahs entspricht und jeder belohnt
wird, der die Anlage schützt und jeder von Allah bestraft wird, der sie beschädigt.

Hier einige relevante Suren aus dem Koran (Der Koran 1959):

- Koran Sure Nr. 6, Vers 100: „Er ist es, der Wasser vom Himmel sendet; durch dieses bringen wir die Keime aller Dinge hervor und alles im Grünen und das in Reihen wachsende Korn und die Palmbäume, an deren Zweigen die Datteln gedrängt voll hängen, und Gärten mit Trauben, Oliven und Granatäpfeln aller Art. Seht nur ihre Früchte an, wenn sie heranwachsen und heranreifen. Hierin sind gewiss Zeichen genug für gläubige Menschen" (S. 114).

- Koran Sure Nr. 16, Vers 11: „Er ist es, der Wasser vom Himmel herab schickt um euch damit zu trinken zu geben, auch den Bäumen unter welchem euer Vieh weide. Der Wasser aus den Wolken hernieder sendet; davon habt ihr zu trinken und davon wachsen die Büsche, an denen Er (euer Vieh) weiden lässt" (S. 214).

- Koran Sure Nr. 16, Vers 12: „Die Saat, Ölbaum, Palmen und Rebstock und alle übrigen Früchte wachsen durch ihn. Dies alles ist ein deutliches Zeichen für nachdenkende Menschen" (S. 214).

Hinzukommen noch Aussprüche und Taten des Propheten Mohammed, die Hadid genannt werden. Zudem wird ein im Islam verbreitetes Hima- und Harim-System besonders im Zusammenhang mit der Schaffung von Schutzgebieten für die Umwelt von wichtigen Islamgelehrten diskutiert. Nach diesem System ist Raubbau wider die Natur und gegen Allahs Wille und deshalb verwerflich.

So hätten Sie es schaffen können, mithilfe der örtlichen Geistlichkeit und natürlich der Stammesältesten auf der Basis der Aussagen im Koran ein solches Harim-System einzuführen. Sie müssten darauf achten, dass die örtliche Geistlichkeit von dem Wiederaufforstungsprogramm überzeugt ist und darin so etwas wie Allahs Willen wieder erkennen kann. Über sie könnten Sie dann erreichen, dass die Bevölkerung die Anpflanzungen schützt und als Allas Wille betrachtet. Damit wäre das Projekt kein Eingriff von außen, mit dem so recht niemand etwas anfangen kann, sondern die Erfüllung des Willens der überirdischen Heil und Segen bringenden Macht, an deren Wirkmächtigkeit die Bevölkerung seit Generationen glaubt. Niemand würde es mehr wagen, sich den entsprechenden Anordnungen zu widersetzen. Nur die Einbeziehung dieses Entwicklungsprojekts in die religiösen Orientierungen der afghanischen Bevölkerung allein könnte seinen langfristigen Bestand und zugleich die bedingungslose Zustimmung aller Beteiligten an dem Projekt garantieren. Eine solche Planung und Realisierung dieser Vorgehensweise zeugt von einem hohen Maß an interkultureller Kompetenz, die aber unabdingbar ist, wenn das Aufforstungsprogramm gelingen soll.

Eine weitere Arbeitsaufgabe für Sie: Vergleichen Sie die Definition von interkultureller Handlungskompetenz (Kap. 7) mit den Problemlöseschritten in dem Fallbeispiel „Wiederaufforstung in Afghanistan". Arbeiten Sie die zentralen Kompetenzmerkmale heraus, die ein Entwicklungsexperte besitzen muss, um ein solches Projekt zum Erfolg führen zu können.

Entwicklung interkultureller Handlungskompetenz

In der Definition interkultureller Handlungskompetenz (Kap. 7) heißt es: „Interkulturelle Handlungskompetenz ist das Resultat eines Lern- und Entwicklungsprozesses."

Nun stellt sich die Frage, welche Lernmethoden sind sinnvoll und optimal wirksam zur Entwicklung interkultureller Handlungskompetenz?

Es gibt für Techniker und Ingenieure nicht die eine passende Lernmethode. Das ergibt sich schon aus den Überlegungen, dass Auslandseinsätze rund um den Globus mit permanent wechselnden Einsatzorten, z. B. zur Überprüfung und Wartung der Funktionsfähigkeit von Maschinen und Fertigungsanlagen in sehr unterschiedlichen Ländern wie den USA, Nigeria, Singapur, China oder Indien eine andere interkulturelle Handlungskompetenz erfordern, als ein dreijähriger Auslandseinsatz an einem Ort mit seiner spezifischen Kultur.

Unterscheiden kann man die Entwicklung interkultureller Handlungskompetenz aufgrund einer eigenständigen Einarbeitung in die kulturellen Besonderheiten und kulturspezifisch handlungswirksamen Determinanten die in einer Kultur und Kulturregion vorherrschen, von einem auf eine spezifische Kultur abgestimmten interkulturellen Training. In beiden Fällen geht es darum, mit Hilfe reflektierter eigen- und fremdkultureller Erfahrungen im Umgang mit Menschen unterschiedlicher Kulturen, ein individuell passendes, generell überall einsetzbares Verfahren zur Bewältigung kulturspezifischer Herausforderungen zu erarbeiten.

Verfahren zur eigenständigen Entwicklung interkultureller Handlungskompetenz

In folgendem Fallbeispiel wird geschildert wie eine eigenständige Entwicklung interkultureller Handlungskompetenz gelingen kann.

© Springer Fachmedien Wiesbaden GmbH 2017
A. Thomas, *Technik und Kultur*, essentials,
DOI 10.1007/978-3-658-19053-8_9

Fallbeispiel: Die Fertigungshalle in Thailand

Situationsschilderung

Das Management eines mittelständischen deutschen Unternehmens hat sich entschlossen, einen Produktionsstandort in Thailand zu eröffnen. Durch einen thailändischen Mittelsmann wird dem Unternehmen ein Grundstück etwa 50 km außerhalb Bangkoks an einer sechsspurigen Autobahntrasse, die den Flughafen mit der Innenstadt verbindet, zum Kauf angeboten. Die Firma erwirbt das Grundstück und beabsichtigt, dort eine Produktionshalle von 1000 m² zu errichten. Wegen der besonders schweren Maschinen, die zudem noch vibrationsfrei installiert werden müssen, sind umfangreiche Erd- und Fundamentierungsarbeiten erforderlich.

Der deutsche Manager Herr Bauer, der die Bauarbeiten leiten soll, hat an einem interkulturellen Sensibilisierungstraining teilgenommen, in dem ihm die Bedeutung von kulturbedingten Einflussfaktoren auf das Denken, Empfinden und Handeln der Menschen und insbesondere die Problematik interkultureller Zusammenarbeit vermittelt wurde. Nach diesem Training hat er sich anhand einschlägiger Literatur über die Geschichte, Kultur und Religion (Theravada-Buddhismus) auf seinen Auslandseinsatz in Thailand vorbereitet. Er weiß, dass die Thais ein sehr enges Verhältnis zur Natur pflegen und in einer kosmologischen Gesamtschau sich selbst als Teil der Natur empfinden. Die Natur ist nicht leblos, sondern beseelt von guten und bösen Geistern, die im Boden, in Bäumen, Flüssen, Bergen, Hügeln, Wäldern, Steinen usw. wohnen, denen man opfern muss, um sie zu besänftigen und ihr Wohlwollen zu erlangen. Man darf sie auf keinen Fall in ihren jeweiligen Zuständen unnötig stören. Herr Bauer weiß, dass durch den Bau der Fertigungshalle und durch die umfangreichen Fundamentierungen nach Auffassung der Thais die Wohnungen der Erdgeister zerstört werden, und sie, falls man ihnen keine adäquate Ersatzwohnung anbietet, schädliche Einflüsse auf das Bauvorhaben und das Leben der daran beteiligten Menschen ausüben können und werden. Aus diesem Wissen heraus sucht er, bevor der erste Spatenstich erfolgt, den Rat eines ortskundigen Priesters, um zu erfahren, wie er vorgehen sollte, um keine bösen Überraschungen zu erleben. Auf diesen Rat hin errichtet er am Rande des Grundstücks, in einer dafür geeigneten Ecke unter Schatten spendenden Bäumen ein traditionelles thailändisches Geisterhaus, in dem vom Augenblick der ersten Baumaßnahme an, täglich Opfergaben dargebracht werden, frisches Wasser hingestellt wird und alles nach traditionellen Regeln daran gesetzt wird, die Erdgeister zu bewegen, dort Platz zu nehmen und sich häuslich einzurichten.

Nachdem Herr Bauer mit den Bauleuten Richtfest nach deutscher Tradition gefeiert hat, erfährt er, dass die thailändischen Handwerker und Bauunternehmer, die das Gebäude errichtet haben, überrascht und überglücklich darüber waren, dass er mit der Errichtung des Geisterhauses so sehr für das Wohlergehen aller thailändischen Mitarbeiter gesorgt hat, sodass sie mit besonderer Freude und Motivation auf dieser Baustelle gearbeitet haben. Die thailändischen Subunternehmer waren selbst überrascht von dem Arbeitseinsatz ihrer Mitarbeiter. Niemand der bisherigen ausländischen Bauherren, so wurde ihm berichtet, habe auch nur einen einzigen Gedanken darauf verschwendet, dieser thailändischen Tradition der Geisterverehrung Folge zu leisten. Selbst vorsichtige Hinweise seitens der Bauunternehmer wären nur auf Unverständnis und Ablehnung gestoßen. Man habe immer mit Widerwillen, aber noch viel mehr mit Angst vor den Folgen, die von den aus ihrer Ruhe gebrachten Erdgeistern ausgehen könnte, auf den Baustellen von Ausländern gearbeitet.

Herr Bauer freut sich über diese positive Reaktion. Er nimmt sich vor, weiterhin bei zukünftigen Auslandseinsätzen nicht nur die bautechnisch materiellen Aspekte seiner Arbeit zu beachten, sondern sich auch um die spirituellen Aspekte, die sein Handeln in einer fremden Kultur bestimmen, zu kümmern.

Erläuterungen zum Vorgehen des Bauingenieurs
Dies ist zweifelsohne ein gelungenes Beispiel für das Zusammenspiel von Kultur und Technik obwohl sich daraus auch kontroverse Ansichten ergeben können: Aus Sicht eines Atheisten ist das, was die einheimischen Bauleute auf der Baustelle bewegt, Spinnerei. Aus Sicht eines strenggläubigen Christen ist dies „Götzendienst" oder vormoderner Geisterglaube, also etwas Verwerfliches. Aus Sicht eines aufgeklärten, modernen, postmodernen, säkularen Menschen ist das alles eine unnötige Ressourcenverschwendung. Aber aus christlicher Sicht mit dem zentralen Gebot der Nächstenliebe ist es durchaus geboten, alles zu tun, um die thailändischen Mitarbeiter abzusichern, ihnen sichere Arbeitsplätze zur Verfügung zu stellen. Das aber kann durchaus mehr und anders sein, als Sicherheitshelme zu verteilen und die Baugerüste nach in Deutschland gültigen Sicherheitsnormen abzusichern.

Konsequenzen für die Entwicklung interkultureller Handlungskompetenz
Das erfolgreich absolvierte interkulturelle Sensibilisierungstraining hat bei dem Bauingenieur den Blick dafür geöffnet, dass rein technische Vorgänge des Bauprojekts Auswirkungen auf die Menschen haben werden, die an der Erstellung der Fertigungshalle beteiligt sind. Deshalb verschafft er sich einen Überblick und Einsichten in die Geschichte, die kulturellen Besonderheiten und religiösen

Orientierungen, nämlich dem Theravada-Budddhismus, in Verbindung mit der animistisch, naturreligiösen Orientierung der Thais. Damit nähert er sich dem an, was seinen zukünftigen thailändischen Mitarbeitern und Kollegen wichtig ist, was sie gewohnt sind und schätzen. Er kann sich so schon etwas in sie und ihr Denken, Empfinden und Verhalten hinein versetzen. So fällt ihm auf, dass die Thais ein völlig anderes Verhältnis zur Natur haben als er. Da bei dem Bau der Fertigungshalle und den erforderlichen Rodungs- und Fundamentierungs-arbeiten die Natur nachhaltig beeinträchtigt wird, erscheint ihm das Thema so wichtig, dass er den Rat eines ortskundigen buddhistischen Priesters einholt. Bau und Unterhaltung eines Geisterhauses zur Besänftigung der Erdgeister ist dann die folgerichtige Konsequenz. Da er so mit Bedacht gehandelt hat, ist er sicherlich auch in der Lage, diese nicht unerheblichen Zusatzkosten gegenüber der Geschäftsleitung zu begründen. Der Erfolg in puncto Sicherheit auf der Bau-stelle und Zufriedenheit der einheimischen Bauleute legitimieren zusätzlich diese sicher nicht einfach zu akzeptierende Entscheidung.

Das ist ein Beispiel wie man sich mit klug gewählten Hilfsmitteln (interkul-turelles Sensibilisierungstraining, einschlägige Lektüre und einheimischer Exper-tenrat) eigenständig eine spezifische interkulturelle Handlungskompetenz, hier speziell in Bezug auf den Umgang mit Thais, aufbauen kann.

Bekäme Herr Bauer nun als Nächstes einen Einsatz in Südafrika, würde er vermutlich ähnlich vorgehen. Er hätte nämlich aus eigener Erfahrung gelernt, wie man sich für die Bewältigung von Arbeitsaufgaben in anderen Ländern weltweit die erforderliche interkulturelle Handlungskompetenz aufbauen kann. Nun wird nicht jede Fachkraft im Auslandseinsatz in der Lage sein, so gezielt, umsichtig und eigenständig eine funktionale interkulturelle Handlungskompetenz aufzu-bauen.

Wissenschaftlich gesicherte Erkenntnisse zeigen, dass Persönlichkeitseigen-schaften und Fähigkeiten die Chancen erhöhen, einen solchen Selbstlernprozess zur Entwicklung interkultureller Handlungskompetenz zu optimieren:

1. Kontaktfreudigkeit
2. Neugier und Offenheit
3. Einfühlungsvermögen
4. Ambiguitätstoleranz
5. Verhaltensflexibilität
6. ethnische Toleranz
7. Konfliktlösefähigkeit
8. physische und psychische Belastbarkeit

Sehr hilfreich ist weiterhin die Beachtung sog. *Selbstkommandos:*

Grundsätzlich gilt: Jedes unerwartet auftretende und irritierende Partnerverhalten kann in einer individuellen, allein die Person des Partners betreffenden Eigenart begründet sein. Wenn ein ähnliches Reaktionsverhalten in bestimmten Situationen immer wieder auftritt, unabhängig davon, welche Personen aus der Fremdkultur als Partner beteiligt sind, kann man davon ausgehen, dass kulturell bedingte Ursachen vorliegen. Zwar erscheint es einem auf den ersten Blick so, dass sich der jeweilige Partner falsch, unangebracht und unpassend verhält und somit Verursacher der Problemlage ist. Tatsächlich sind aber auch Sie, mit Ihren kulturspezifischen Erwartungen an das Partnerverhalten, in gleichem Maße Problemverursacher. Deshalb ist es zur Klärung und Lösung der Problemlage von großer Bedeutung, immer die eigenen kulturellen Besonderheiten des Denkens, Empfindens und Handelns in die Ursachenanalyse mit einzubeziehen. Sich bezüglich der spezifischen eigenkulturellen Orientierungen und deren Wirkungen in einer Interaktionssituation Klarheit zu verschaffen, ist aber oft schwieriger, als Klarheit über das Partnerverhalten zu bekommen.

Wenn unerwartetes Verhalten eines Partners auftritt setzt sofort und automatisch der Versuch ein, mithilfe der bisher gemachten Erfahrungen Erklärungen für das Verhalten zu konstruieren, ohne sich Gedanken über die jeweiligen Motive des Partners und die Kontextbedingungen in denen das Interaktionsgeschehen stattfindet zu machen. Damit das eigene Verhalten nicht von selbst konstruierten, meist fehlerhaften oder zumindest defizitären Fehlbeurteilungen bestimmt wird, ist es nützlich, folgende Regeln als eine Art von Selbstkommandos verinnerlicht zu haben:

Selbstkommandos

- Stopp den automatischen Bewertungsprozess!
- Präzisiere, was dich irritiert und was den Partner irritieren könnte!
- Reflektiere und präzisiere deine eigenen Erwartungen!
- Analysiere die individuellen und situativen Kontextbedingungen!
- Antizipiere die Wirkungen deines eigenen Verhaltens!
- Reflektiere die möglichen Erwartungen des Partners!
- Erkenne die eigenen Kulturstandards und reflektiere ihre Wirkungen!
- Nutze das Wissen um die fremden Kulturstandards zur Konfliktlösung und zur Herstellung beiderseitiger Zufriedenheit!

Entwicklung interkultureller Handlungskompetenz mithilfe interkultureller Trainings

Interkulturelle Trainings umfassen alle Maßnahmen, die darauf abzielen, einen Menschen zu befähigen, zur konstruktiven Anpassung, zum sachgerechten Entscheiden und zum effektiven Handeln unter fremdkulturellen Bedingungen und in kulturellen Überschneidungssituationen. Das Ziel dieser Trainings besteht in der Qualifizierung der Führungskräfte zum Erkennen und zur konstruktiven und effektiven Bewältigung der spezifischen Managementaufgaben, die sich ihnen gerade unter den für sie fremden Kulturbedingungen und in der Interaktion mit fremdkulturell geprägten Partnern stellen, siehe das Fallbeispiel: „Fertigungshalle in Thailand".

Dabei ist nicht nur an die Bewältigung berufsbedingter Anforderungen zu denken, sondern auch an die persönliche Lebensgestaltung im Ausland. Gerade unter den Bedingungen beruflicher Tätigkeit im Ausland verschmelzen berufliche und persönliche Handlungs- und Erfahrungsbereiche oft eng miteinander.

In den meisten Fällen wird das Training interkultureller Managementkompetenz als eine dem Auslandseinsatz vorbereitende Trainingsmaßnahme organisiert. Wie die vielfältigen Forschungen zur Wirksamkeit solcher vorbereitenden Trainingsmaßnahmen zeigen (Landis et al. 1983, 1996, 2004), kann die interkulturelle Managementkompetenz wesentlich gesteigert werden, wenn zusätzliche, den Arbeitsaufenthalt im Ausland begleitende Verlaufstrainings eingeschoben werden. Besonders bei jüngeren Führungskräften, für die ein häufigerer Arbeitsaufenthalt im Ausland vorgesehen ist, empfehlen sich zusätzliche Nachbereitungstrainings, in denen die interkulturellen Erfahrungen untereinander und mit Experten diskutiert und reflektiert werden können, um so zu einem vertieften Verständnis der fremdkulturellen Arbeits- und Lebenssituation vorzudringen. Nur ein auf diese Weise qualifiziert aufbereitetes Erfahrungswissen kann bei der Übernahme interkultureller Managementaufgaben handlungswirksam eingesetzt werden. Die Details dazu enthält die Abb. 9.1.

Zum Thema interkulturelle Trainings liegen eine Fülle von Forschungsarbeiten und Konzepte vor, zum Beispiel:

Kammhuber, S. (2000). Interkulturelles Lernen und Lehren.

Landis, D. et al. "Handbook of Intercultural Training", 3 Bände. (1983, 1996, 2004).

Thomas, A., Kinast, E.-U. & Schroll-Machl, S. (2005). Handbuch interkulturelle Kommunikation und Kooperation, Bd. 1 Grundlagen und Praxisfelder.

Thomas, A.: Interkulturelle Handlungskompetenz (2011).

Thomas, A. et al. (Hrsg.) (2001–2015).

Phasen des Auslandseinsatzes	Auswahl-, Beratungs- und Trainingsmaßnahmen
Vorbereitungsphase: • PE für Führungskräfte • Erwartung eines Auslandseinsatzes • Interesse am Auslandseinsatz	**Kulturallgemeines Sensibilisierungstraining (culture general training)**
Personalauswahl	**Auswahlverfahren:** • Interview • Interkulturelles AC • Probebesuch im Zielland

Entschluss für den Auslandseinsatz in einem bestimmten Land	• Förderung interkultureller Lernfähigkeit und Kompetenz
	• Trainingsverfahren:
	  – informationsorientiertes Training
	  – kulturorientiertes Training
	  – interaktionsorientiertes Training
	  – Culture Assimilator Training

Ausreisephase	**Einarbeitungstraining:** • Kulturschock-Bearbeitung • Akkulturationsbegleitung • Aufbau interkultureller Lern- und Erfahrungskompetenz
Auslandstätigkeit	**Begleittraining:** • interkulturelle Reflexions- und Attributionskompetenz • arbeitsspezifische Lern- und Handlungskompetenz (Supervision) • individuelles/teamorientiertes, interkulturelles Coaching
Rückreisephase	**Reintegrationstraining I:** • Vorbereitung auf die "neue" Arbeitssituation im Stammhaus • Arbeitsübergabe im Gastland
Reintegrationsphase	**Reintegrationstraining II:** • Kulturschock-Bearbeitung • Wiedereinarbeitung in Unternehmenskultur/ Nationalkultur • Reflexion der interkulturellen Arbeits- und Lebenserfahrungen
Distributionsphase	**Erfahrungs- und Nutzengenerierung:** • Weitergabe an Nachfolger und neue Auslandsmitarbeiter • Eingabe der interkulturellen Erfahrungen in einen Expertenpool

Abb. 9.1 Phasenverlauf des Auslandeinsatzes und Interventionsmaßnahmen. (Thomas 2014, S. 265)

In Bezug auf die Entwicklung interkultureller Handlungskompetenz haben sich die Konzepte des „Culture Assimilator" resp. „Culture Sensitizer" (Kinast 2005) und des Lernzirkels (Kammhuber 2000) als sehr lernwirksam erwiesen.

Ausgangspunkt ist eine authentische, oft erlebte kulturell bedingt kritische Interaktionssituation, ähnlich der bisher kennengelernten Fallbeispiele. Der Lernende wird aufgefordert, selbst eine plausible Erklärung für das Zustandekommen der Missverständnisse in der jeweiligen Situation zu finden. Dann werden ihm vier alternative Deutungen angeboten die alle irgendwie plausibel klingen, von denen aber nur eine die zutreffendste Erklärung aus fremd- und eigenkultureller Sicht liefert. Zu der zutreffenden und zu den drei eher nicht zutreffenden Deutungen werden Erläuterungen angeboten, die es dem Lernenden ermöglichen, die komplexen Zusammenhänge bei den Steuerungsprozessen auf der Wahrnehmungs-, Einstellungs- und Urteilsebene sowie den Emotionen und Handlungsentscheidungen zu verstehen. Eine von kulturspezifischen Experten angebotene Lösungsstrategie zum Umgang mit den aus den kulturellen Unterschieden entstandenen Problemen, beendet die Analyse des jeweiligen Fallbeispiels. Dabei werden die Unterschiede eigener Sicht und der Sicht des fremdkulturellen Partners nochmals thematisiert. Die dabei zutage tretenden kulturspezifischen Arten der Wahrnehmung, des Denkens und Urteilens, des Empfindens und Handelns, die von den Mitgliedern einer bestimmten Kultur für sich persönlich und andere Personen als normal, typisch und selbstverständlich angesehen werden, wirken als Kulturstandards. Kulturstandards sind gleichsam Maßstäbe, Gradmesser und Bezugssysteme für richtiges und kulturell akzeptiertes Handeln. In den bisher besprochenen Fallbeispielen wurden Kulturstandards wie z. B. *Hierarchieorientierung, Beziehungs-, Familien- und Clanorientierung, Gesicht wahren* und *Distanzminimierung* versus *Distanzdifferenzierung* wirksam. Mithilfe von Erläuterungen zur Entstehungsgeschichte und Funktionalität der Kulturstandards kann der Lernende ihre Wirksamkeit in Handlungsfeldern wie Führen, Verhandeln, Erstkontakte, Vertrauensaufbau, Lob und Tadel, Entscheidungsverhalten, Teamarbeit etc. sachgerecht einschätzen lernen.

Die für 40 Länder weltweit in 40 Bänden vorliegenden Trainingsprogramme für deutsche Manager, Fach- und Führungskräfte (Thomas 2001–2015) entsprechen in ihrem Aufbau und Verlauf diesem Konzept und haben sich zur Vorbereitung für entsprechende Auslandseinsätze bewährt.

Welche interkulturellen Trainings zum Einsatz kommen, hängt von den Phasen des Auslandseinsatzes ab.

Die Abb. 9.1 gibt einen Überblick über den Einsatz interkultureller Trainings in unterschiedlichen Phasen des Auslandseinsatzes und den damit erzielbaren Nutzen.

Fazit in Bezug auf interkulturelle Handlungskompetenz als Schlüsselqualifikation in einer internationalisierten und globalisierten Arbeitswelt

Für Studierende technischer, ingenieurwissenschaftlicher und naturwissenschaftlicher Fächer sind mit der Entwicklung und dem Ausbau der Schlüsselqualifikation *„Interkulturelle Handlungskompetenz"* in Bezug auf erfolgreiche und zufriedenstellende berufliche Arbeitsleistungen folgende Wirkungen verbunden:

Wirkungen Interkultureller Handlungskompetenz
- Aufbau eines vertieften Verständnisses für die Wirksamkeit kultureller Einflussfaktoren auf die Entwicklung, Gestaltung, Nutzung und den Umgang mit Technik, Aufgabenstellungen von Ingenieuren und Erkenntnissen von Naturwissenschaftlern.
- Erhöhung der Chancen zur konfliktfreien Kommunikation, Interaktion und Kooperation mit Partnern unterschiedlicher kultureller Herkunft.
- Reduzierung von Kontrollverlust und damit verbunden Irritationen, Verunsicherung, Verärgerung und Abbruch sozialer Kontakte.
- Gewinnung von Chancen zum effektiven Einsatz eigener, fachlicher und beruflicher Ressourcen, wie Wissen, Kenntnisse, Erfahrungen, Expertise, in der Zusammenarbeit mit ausländischen Partnern.
- Schaffung von Voraussetzungen zur produktiven Zusammenarbeit in plurikulturellen Arbeitsgruppen.
- Ermöglichung der Entdeckung und Nutzung kultureller Unterschiede zur Schaffung technischer und ingenieurwissenschaftlicher Synergien und Innovationen. z. B. bei der Produktentwicklung.

© Springer Fachmedien Wiesbaden GmbH 2017
A. Thomas, *Technik und Kultur,* essentials,
DOI 10.1007/978-3-658-19053-8_10

Schlussbemerkungen 11

Kultur und Technik erscheinen oft als Gegensätze, sodass man sich für Kultur oder Technik entscheiden muss. Bei näherer Analyse der mit Technik zusammenhängenden Prozessverläufe wie Entwicklung, Nutzung, Wirkung, Bewertung etc. von Technik stellt man aber schnell fest, dass Technik einerseits ein Teil der von Menschen entwickelten Kultur ist und andererseits immer und unter allen möglichen Bedingungen kulturellen Einflüssen unterliegt.

Kultur beeinflusst Technik, und technische Abläufe und Technik beeinflussen ebenso die Kultur.

Wenn dieses Wechselverhältnis in einer sich immer weiter und vertiefenden internationalisierten und globalisierten Welt vollzieht, wird jeder Techniker und Ingenieur in seinem beruflichen Tätigkeitsfeld mit kulturell bedingten Einflüssen zu tun bekommen, die er zu bewältigen hat. Darauf vorbereitet zu sein, kulturell bedingt kritische Interaktionssituationen erkennen zu können und zu wissen, wie daraus entstehende Probleme zu meistern sind, gibt Sicherheit bei Entscheidungen, verhindert Leistungseinbrüche, reduziert Stress und optimiert die mit Technik zusammenhängenden Kooperationen zwischen Menschen unterschiedlicher kultureller Herkunft.

Mit einer Sensibilisierung für kulturell bedingte Problemlagen und der Entwicklung zielorientierter interkultureller Handlungskompetenz kann man in der beruflichen Ausbildung nicht früh genug beginnen.

© Springer Fachmedien Wiesbaden GmbH 2017
A. Thomas, *Technik und Kultur,* essentials,
DOI 10.1007/978-3-658-19053-8_11

Was Sie aus diesem *essential* mitnehmen können

- Analysen einer Fülle authentischer Fallbeispiele aus der Praxis internationaler Zusammenarbeit, die zeigen, wie eng Technik und Kultur zusammenhängen und sich gegenseitig beeinflussen.
- Die Beantwortung der Fragen: Technik und Kultur – ist das ein Widerspruch oder eine Einheit? Besteht eine wechselseitige Beziehung? Ist das überhaupt ein Thema für Berufstätige und Studierende technischer, ingenieurwissenschaftlicher und naturwissenschaftlicher Fächer?

© Springer Fachmedien Wiesbaden GmbH 2017
A. Thomas, *Technik und Kultur,* essentials,
DOI 10.1007/978-3-658-19053-8

Literatur

Boesch, E. E. (1980). *Kultur und Handlung. Eine Einführung in die Kulturpsychologie.* Bern: Huber.

Brüch, A., & Thomas, A. (2009). *Beruflich in Südkorea. Trainingsprogramm für Manager, Fach- und Führungskräfte* (4. Aufl.). Göttingen: Vandenhoeck & Ruprecht.

Der Koran. (1959). übertragen von Ludwig Ullmann (7. Aufl.). München: Goldmann.

FAZ. (26. Mai 1995). Essenskrümel und Tierhaare im Verschluss der Sicherheitsgurte. Rückrufaktion von Auto-Sicherheitsgurten/Japaner werfen Amerikanern rauhen Umgang mit Autos vor. *FAZ*, 10.

FAZ. (27. Sept. 2000). Nach der Absturzserie sucht Korean Air den Neuanfang. Sicherheitsprogramm kommt einer Kulturrevolution gleich. *FAZ*, 5.

Hubig, C. (Hrsg.). (2007). Technik und Interkulturalität. Probleme, Grundbegriffe und Lösungskriterien. Report 36 Düsseldorf: VDI Verein Deutscher Ingenieure.

Kammhuber, S. (2000). *Interkulturelles Lernen und Lehren.* Wiesbaden: Deutscher Universitätsverlag.

Kinast, E.-U. (2005). Interkulturelles Training. In A. Thomas, E.-U. Kinast, & S. Schroll-Machl (Hrsg.), *Handbuch Interkulturelle Kommunikation und Kooperation: Bd. 1. Grundlagen und Praxisfelder* (2. Aufl., S. 181–203). Göttingen: Vandenhoeck & Ruprecht.

Landis, D., et al. (Hrsg.). (2004). *Handbook of Intercultural Training* (Bd. 3). Thousand Oaks: Sage. (Erstveröffentlichung 1996, 1983).

Mitterer, K., Mimler, R., & Thomas, A. (2013). *Beruflich in Indien. Trainingsprogramm für Manager, Fach- und Führungskräfte* (2. Aufl.). Göttingen: Vandenhoeck & Ruprecht.

Rösch, O. (Hrsg.). (2008). *Technik und Kultur. Wildauer Schriftenreihe: Interkulturelle Kommunikation,* (Bd. 6). Berlin: News & Media.

Schneiter, F. (2001). *Getting along with the Chinese for fun and profit.* New York: Blacksmith Books.

Schroll-Machl, S. (2013). *Die Deutschen – Wir Deutsche. Fremdwahrnehmung und Selbstsicht im Berufsleben* (4. Aufl.). Göttingen: Vandenhoeck & Ruprecht.

Schroll-Machl, S. (2016). *Beruflich in Babylon. Das Einmaleins weltweit.* Göttingen: Vandenhoeck & Ruprecht.

Stumpf, S., Schuch, E., & Meyer, U. (Hrsg.). (2013). *Technik und Kultur. Anwendungsorientierte Beiträge zu einem Spannungsfeld.* Lengerich: Pabst.

© Springer Fachmedien Wiesbaden GmbH 2017
A. Thomas, *Technik und Kultur,* essentials,
DOI 10.1007/978-3-658-19053-8

Thomas, A. (2011). *Interkulturelle Handlungskompetenz. Versiert, angemessen und erfolgreich im internationalen Geschäft.* Wiesbaden: Gabler.

Thomas, A. (2014). *Wie Fremdes vertraut werden kann. Mit internationalen Geschäftspartnern zusammenarbeiten.* Wiesbaden: Springer Gabler.

Thomas, A. (2016). *Interkulturelle Psychologie. Verstehen und Handeln in internationalen Kontexten.* Göttingen: Hogrefe.

Thomas, A., Kinast, E.-U., & Schroll-Machl, S. (2005). *Handbuch Interkulturelle Kommunikation und Kooperation: Bd. 1. Grundlagen und Praxisfelder.* Göttingen: Vandenhoeck & Ruprecht.

Thomas, A., Schenk, E., & Heisel, W. (2015). *Beruflich in China. Trainingsprogramm für Manager, Fach- und Führungskräfte* (5. Aufl.). Göttingen: Vandenhoeck & Ruprecht.

Thomas, A., et al. (2001–2015). *„Beruflich in ... Trainingsprogramm für (deutsche) Manager, Fach- und Führungskräfte" Publikationsreihe „Interkulturelle Handlungskompetenz." 40 Bände zur Vorbereitung auf den Auslandseinsatz weltweit.* Göttingen: Vandenhoeck & Ruprecht.